Tschechien

Werner Skrentny

MERIAN-TopTen

Höhepunkte, die Sie unbedingt sehen sollten

1. **Praha/Prag**
Der Besuch der unvergleichlichen Hauptstadt des Landes ist ein Muss (→ S. 29).

2. **Český ráj/Böhmisches Paradies**
Die bizarren Felsgebilde dieser unberührten Landschaft sind weithin sichtbar (→ S. 43).

3. **Das westböhmische Bäderdreieck**
Ob Karlovy Vary, Mariánské Lázně oder Františkovy Lázně – jedes der berühmten Heilbader fasziniert auf seine Weise (→ S. 47, 48, 51).

4. **Český Krumlov/Krumau**
Die prächtige südböhmische Stadtkulisse wirkt wie aus einer anderen Zeit (→ S. 64).

5. **Šumava/Böhmerwald**
Wo ehemals nur Grenzer Patrouille gingen, kann man heute eine urwüchsige Landschaft durchstreifen (→ S. 70).

6. **Brno/Brünn**
Die mährische Hauptstadt besitzt ein bezauberndes Flair (→ S. 77).

7. **Moravský Kras/Mährischer Karst**
Im Naturschutzgebiet reist man unterirdisch im Kahn, per Seilbahn oder wandert durch eine riesige Tropfsteinhöhle (→ S. 80).

8. **Třebíč/Trebitsch**
Europas größtes erhaltenes Jüdisches Ghetto und die Basilika zählen zum Weltkulturerbe (→ S. 82).

9. **Olomouc/Olmütz**
Das »mährische Salzburg« ist für Kirchen und Paläste berühmt (→ S. 84).

10. **Burg Bouzov/Busau**
Der Traum vom Mittelalter wurde Ende des 19. Jh. inszeniert – Hollywood hätte es kaum besser machen können (→ S. 86).

MERIAN-Tipps ⇢
finden Sie auf Seite 128

Inhalt

Erläuterung der Symbole

Für Familien mit Kindern besonders geeignet

Diese Unterkünfte haben behindertengerechte Zimmer

In diesen Unterkünften sind Hunde erlaubt

CREDIT *Alle Kreditkarten werden akzeptiert*

Keine Kreditkarten werden akzeptiert

Preise für ein Doppelzimmer mit Frühstück in der Hauptsaison (Prag ganzjährig, sonst Mai bis September):

●●●● *ab 4350 Kč* ●● *ab 1450 Kč*
●●● *ab 2900 Kč* ● *bis 145 Kč*

Preise für ein Hauptgericht (ohne Getränke):

●●●● *ab 340 Kč* ●● *ab 110 Kč*
●●● *ab 230 Kč* ● *bis 110 Kč*

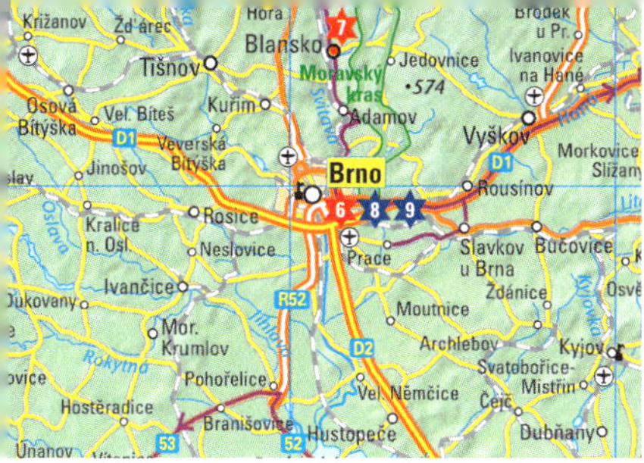

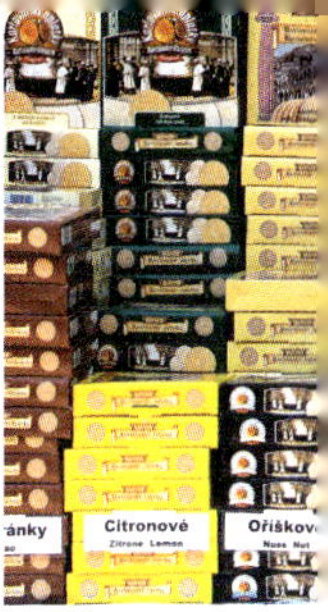

Karten und Pläne

Die Buchstaben-Zahlen-Kombinationen im Text verweisen auf die Planquadrate der Karten, z. B.

→ S. 112, A 1 Kartenatlas
→ Umschlagkarte hinten, a 1

Mit Straßenkarte

Tschechien stellt sich vor

Wie im Märchen: Kein Wunder, dass das hoch über der Moldau errichtete und an Windsor Castle angelehnte Schloss von Hluboká nad Vltavou (→ S. 62) eine begehrte Kulisse für Hochzeitsfeiern darstellt.

Tschechien hat mehr zu bieten als Prag: Das Land hat sich zu einem Reiseziel im Aufwind entwickelt, dessen Kulturreichtum und faszinierende Landschaften immer häufiger Besucher anlocken.

»Böhmische Dörfer«

Es ist auf den über vier Jahrzehnte lang existierenden Eisernen Vorhang zurückzuführen, dass die Tschechische Republik, bis zur Teilung 1993 die Tschechoslowakei, von vielen nach wie vor als Teil von Osteuropa betrachtet wird. Jedoch: Das Land gehört zu Mitteleuropa. Viele Geschichtsereignisse, die man hierzulande kennt, so der Dreißigjährige Krieg, haben Böhmen, Mähren und Schlesien ebenfalls berührt. Und etliche bedeutende Persönlichkeiten, auf die der Spurensucher dort stößt, waren auch im deutschsprachigen Raum anzutreffen. Mit Tschetschenien wird Tschechien heute glücklicherweise kaum noch verwechselt, auch wenn eine Reihe von Städte- und Ortsnamen für manche heute noch »böhmische Dörfer« sein mögen. Der Begriff kommt im Übrigen daher, dass die deutschsprachige Bevölkerung sich nur schwer an tschechische Ortsbezeichnungen gewöhnen konnte, die zum Beispiel Kopřivnice oder Uherské Hradiště lauten.

»Es ist schon ein Kreuz mit dem Land und seinem Namen«, meinte die »Süddeutsche Zeitung«. Denn nach wie vor in Gebrauch ist die Bezeichnung »Tschechei«, die jener »Führer« samt seiner Gefolgschaft propagierte, der der ersten tschechischen Republik 1938 beziehungsweise 1939 die Freiheit nahm. Man sollte diesen Ausdruck tunlichst vermeiden! Böhmen allein ist auch nicht passend, denn Mähren gehört genauso dazu und ein Teil von Schlesien sowieso. »Historische Länder der Böhmischen Krone: Böhmen und Mähren« wäre vom wissenschaftlichen Standpunkt exakt, aber wer könnte sich daran gewöhnen? Also gilt, auch für diesen Reiseführer, Tschechien – ein Begriff, den das Österreichische Fernsehen (ORF) erfunden haben soll.

Prag und die klassischen westböhmischen Bäder wie Karlsbad (Karlovy Vary) und Marienbad (Mariánské Lázně) mit ihrer einzigartigen Atmosphäre sind seit längerer Zeit auf der touristischen Landkarte. Český Krumlov, das eine der malerischsten Stadtkulissen Europas besitzt, gilt inzwischen als Nummer zwei nach Prag. Aber da gibt es ja auch noch das südböhmische Kleinod Mikulov gleich hinter der österreichischen Grenze, die quicklebendige mährische Metropole Brno, České Budějovice in Südböhmen samt einem der schönsten Plätze des Kontinents, die Traumburg Bouzov (weniger der Geschichte als einer Architektenfantasie entsprungen) und das in den 20er- und 30er-Jahren wegen seiner Architektur als »Salon der Republik« bezeichnete Hradec Králové in Ostböhmen mit seinem Jugendstil-»Palast«, dem Ostböhmischen Museum. Nicht zu vergessen die romantischen Städtchen im Landesinneren, Telč' »Marktplatzwunder« und Liberec' Jahrhundertwendebauten.

Tschechien besitzt doppelt so viele UNESCO-Weltkulturerbe-Denkmäler wie z. B. die Schweiz und die Niederlande, mehr als Österreich, Norwegen und Irland. Dazu gehört nun Třebíč in Mähren, dessen früheres jüdisches Ghetto von europaweiter Bedeutung in den Jahren der Diktatur eigentlich dem Erdboden gleichgemacht werden sollte. Und dazu zählt inzwischen auch die Villa Tugendhat in Brno. Deren Architekt, Stichwort Mitteleuropa, kam aus Deutschland: Mies van der Rohe. Genauso wie ehemals Baumeister Peter Parler, der in Prag mit Söhnen und Bauhütte am Dom St. Veit und der Karlsbrücke wirkte.

In Tschechien sind bauliche Sehenswürdigkeiten Legion. Natürlich muss man nicht jede Burg und jedes Schloss ansehen, ausschlaggebend für einen Besuch können zum Beispiel eine – häufig – malerische Lage und die Ausstellungsobjekte sein. Die Eintrittspreise zwischen staatlichen Objekten und denen, die im Zuge der Restitution an den Adel zurückgegeben wurden, divergieren merklich. Ein spezieller Eintrittspreis für Ausländer wird gelegentlich noch erhoben, doch dafür erhält man dann auch eine deutschsprachige Führung. Aber nicht nur der Adel ist von der Restitution beglückt worden (diverse Rechtsstreite dauern noch an), auch die katholische Kirche kam zeitweise wieder in den Besitz des Doms St. Veit zu Prag. Und erhob damals prompt ein Eintrittsgeld.

Die Baudenkmäler sind das eine, die Natur ist ein weiteres Plus.

Faszinierende Gebirgslandschaften wie Krkonoše, Beskydy, Jeseníky, Šumava sind unter diesen Bezeichnungen eher unbekannt, wohl aber vielleicht als Riesengebirge, Beskiden, Altvatergebirge oder Böhmerwald. Da gibt es die sanften grünen Hügel Mittelböhmens, wo man manchmal tief in der Provinz ganz für sich ist und sich am Ende der Welt wähnt, bis plötzlich aus einem Seitental ein Zug auftaucht. Und da gibt es auch das Felsenparadies Český ráj, das Böhmische Paradies, wo eine unglaubliche Stille herrschen kann.

Nur keine Hektik und Ungeduld

Der Eiserne Vorhang hat mindestens große Teile von zwei Generationen davon abgehalten, die Schönheiten dieses Landes zu entdecken. Zwar war die Einreise möglich, nicht nur zu Zeiten des Prager Frühlings von 1968, dem erneut lange dunkle Jahre folgten. Aber die rechte Reisefreude wollte sich nicht einstellen: Da waren die Grenzkontrollen und die Diktatur, die die Menschenrechte nicht achtete; es gab punktuell Reglementierungen, obwohl der vor allem auf Prag fixierte Tourismus ja Devisen versprach; die Interhotels waren für Muff und unfreundliches Personal bekannt. Das ist anders geworden, aber gemächlich geht es im Alltag in Tschechien noch immer zu, und manchmal betrifft dies auch die Dienstleistungen. Tragen Sie es mit Geduld und Fassung.

Wohnraum der Villa Tugendhat (→ S. 78) in Brno. Das Gebäude wurde von Mies van der Rohe entworfen und ist eine Ikone der modernen Architektur.

Seit der »Samtenen Revolution« von 1989, die ohne Todesopfer vonstattenging, sind nun mehr als anderthalb Jahrzehnte vergangen, und der tschechische Tourismus befindet sich in einem kontinuierlichen Aufschwung. Es wird sogar erwartet, dass sich bis 2010 die Besucherzahlen von 2005 verdoppeln. Zwar ist Prag nach wie vor der Marktführer (und wird es auch bleiben, ob nun die Bewerbung für die Olympischen Spiele 2016 Erfolg hat oder nicht), aber inzwischen entdecken zahlreiche Urlauber auch den Reiz anderer Regionen. 32 Kurorte und Heilbäder sind für Tschechien von immenser Bedeutung, denn auch deutsche Kassen finanzieren nach entsprechenden Vorgesprächen den Aufenthalt. Zahlreiche neu eröffnete und komfortable Hotels, vielfältige Freizeitmöglichkeiten (vor allem Wandern, Radwandern, Wasser- und Wintersport), dazu Investitionen in sogenannte Wellness, Beauty-Urlaub oder Aquaparks befördern die positive Entwicklung. Man kann aber immer noch einer Welt von gestern begegnen, in der beim Fest auf dem Dorf die Blasmusik spielt und eine Schiffsschaukel die größte Jahrmarktsattraktion darstellt.

Bizarre Felsformationen bei Hrubá Skála (→ S. 43) im Böhmischen Paradies.

Dass, Ausnahme Prag, das tschechische Preisniveau bis zu 70 % unter demjenigen zum Beispiel in Deutschland liegt, kommt dem Land natürlich zugute, auch in Form von »Medizinreisen« (Kuren, Dentalmarkt, Schönheitsoperationen), hat aber in den Grenzgebieten auch einen »Billigtourismus« verursacht, dessen Klientel hauptsächlich an preiswertem Konsumieren interessiert ist. Unübersehbar in den Grenzregionen sind deshalb die vor allem von vietnamesischen Zuwanderern betriebenen Märkte mit Markenfälschungen. Und leider auch die Prostitution. Deutsche Gruppen, die vor allem der preiswertere Alkoholkonsum nach Prag lockt, trifft man mittlerweile seltener an. Diesen Part haben dank der Billigflieger oft seltsam kostümierte Briten übernommen.

Tschechien ist Mitteleuropa, weshalb es stets auch Schauplatz europäischer Geschichte war: Reformator Hus kam von dort und die Hussiten; Feldherr Wallenstein residierte in Frýdlant, Jičín, Cheb; Casanova versah den Bibliotheksdienst in einem der zahllosen Schlösser; Goethe war begeistert von Burg Střekov; Ludwig van Beethoven und Richard Wagner zählten zu den Besuchern; die Sarajevo-Attentäter von 1914, deren Tat den Ersten Weltkrieg auslöste, saßen in den Kerkern von Theresienstadt, und ihr Opfer, der unglückselige österreichisch-ungarische Thronfolger Erzherzog Franz Ferdinand, verbrachte Zeit auf Schloss Konopiště in der Nähe von Prag.

Das Land ist berühmt für Musik und Literatur. Es brachte Komponisten wie Bedřich Smetana, Anton Dvořák, Leos Janáček und Literaten wie Max Brod, Karel Čapek, Jaroslav Hašek, Franz Kafka, Egon Erwin Kisch, Gustav Meyrink, Jan Neruda, Rainer

Am Morgen ist die Zahl der Touristen auf Prags Karlsbrücke (→ S. 29) noch überschaubar.

Maria Rilke, Adalbert Stifter hervor. Auch der ehemalige Präsident war ein berühmter Literat: Václav Havel. Kulturveranstaltungen sind in Tschechien bis heute ein festliches Ereignis – die entsprechende Garderobe ist erwünscht.

Angesichts der jüngeren deutsch-tschechischen Geschichte ist Zurückhaltung angebracht. Die Nazis, denen eine deutliche Mehrheit der deutschstämmigen Bevölkerung zustimmte, hatten die Tschechoslowaken unterjocht. Die Folge war die Vertreibung der Deutschen, samt Exzessen und Todesmärschen. Rücksicht und Sensibilität also sind geboten. Wer laut und empört über vernachlässigte Friedhöfe mit den Grabstätten früherer deutschsprachiger Bewohner herzieht, sollte daran denken, wie viele Menschen, Synagogen, jüdische Friedhöfe die deutsche Besatzung vernichtet hat und wofür Namen wie Theresienstadt (Terezín) und Lidice stehen.

Nicht für Nachtschwärmer

Von den Abenden bzw. vom Nachtleben in Tschechien sollte man sich – mit Ausnahme der Hauptstadt Prag – nicht zu viel versprechen, denn – dies ist ein Relikt der kommunistischen Zeit – die Bewohner stehen unglaublich früh auf und gehen dementsprechend gegen 21 oder 22 Uhr zu Bett. Genauso »heilig« ist erstaunlicherweise die Mittagspause: Selbst in der vielbesuchten Burg Karlštejn hat sie unverändert Gültigkeit.

Neben faszinierend vielfältigen Landschaften und den unzähligen historischen Stätten und Städten erwartet den Besucher in Tschechien auch eine bemerkenswert reiche Volkskultur, und viele, die dem Nachbarland zum ersten Mal »Guten Tag« (oder besser noch: »Dobry den«!) sagen, werden sich die Frage stellen, warum sie nicht schon früher hingefahren sind.

Gewusst wo...

Ums Bier kommt man in Tschechien kaum herum, und frisch gezapft – wie hier in der Gaststätte der berühmten Brauerei von Çeské Budějovice (→ S. 62) – mundet es sicherlich am besten.

Tschechiens sozialistische Ära mit muffigem Personal in öden Interhotels ist längst Vergangenheit, Küche und Konsum haben westlichen Standard erreicht und gefeiert wird ausgiebig.

Übernachten

Komfortable Quartiere auf westlichem Niveau findet man inzwischen in allen Regionen des Landes.

Das Grandhotel Pupp (→ S. 49) in Karlovy Vary hat schon viel Prominenz zwischen seinen Mauern beherbergt und ist nach wie vor ein nobles Domizil in dem traditionsreichen Kurort.

Wer zu Ostblockzeiten die ČSSR bereiste, weiß: Man war in den Interhotels eher gelitten als willkommen. Die Privatwirtschaft hat nun für einen Boom bei **Hotels** und **Pensionen** gesorgt. Die zahlreichen neuen Häuser verfügen über westlichen Komfort, wobei die Übernachtungspreise außerhalb von Prag wesentlich günstiger sind. Man sollte beachten, dass bei Messen, Festivals, Sport-Großveranstaltungen etc. gute Quartiere oft ausgebucht sind.

Viele Leute, selbst in kleinsten Orten, bieten Privatzimmer an, wobei die Variationsbreite der Standards hier jedoch noch sehr ausgeprägt ist. Etliche Reiseveranstalter offerieren in attraktiven Touristengebieten wie den Gebirgen oder am Lipno-Stausee Übernachtungsmöglichkeit in **Ferienhäusern** und **Bungalows**.

Prag hat ganzjährig Saison und die höchsten Hotelpreise. Buchen Sie auf jeden Fall rechtzeitig! Preisgünstige Quartiere liegen manchmal außerhalb; deshalb ist es zu empfehlen, sich nach den Verbindungen ins Zentrum zu erkundigen.

Informationen zu **Ferien auf dem Land** sind auf der Website www.prazdninynavenkove.cz zu finden. Tschechien verfügt über zahlreiche **Campingplätze**, die nach einem Vier-Sterne-System klassifiziert werden. Eine Karte gibt es bei der Tourismuszentrale (→ S. 104), Infos unter www.camp.cz. Das Angebot an **Jugendherbergen** bzw. Hostels ist begrenzt (Genaueres erfährt man auf der englischsprachigen Website www.czechhostels.com).

Reiseveranstalter

Čedok

Das Reisebüro war zu ČSSR-Zeiten Monopolist und überzeugt heute durch ein vielfältiges Angebot.

- Kaiserstr. 54, 60329 Frankfurt/Main; Tel. 0 69/2 74 01 70, Fax 23 58 90; www.cedok.de
- Parkring 10, 1010 Wien; Tel. 01/5 12 43 72, Fax 5 12 43 72 88; www.cedok.at
- Na Příkopě 18, 11000 Praha 1; Tel. 2/21 44 72 42, Fax 21 63 24; E-Mail: webincoming@cedok.cz

Euro Med

Spezialisiert auf Kurreisen, zum Teil Bustransfers nach Tschechien.

Friedrichstr. 185–190, 10117 Berlin; Tel. 0 30/20 31 60, erreichbar Mo–Fr 7–19.30, Sa/So 8–14 Uhr; www.euromed-berlin.de; Büro geöffnet Mo–Fr 9–18.30, Sa 9–13 Uhr

Nicht nur zur Kur

MediKur-Reisen

Auch kleinere Kurorte im Angebot.

Stendaler Str. 24, 12627 Berlin-Hellersdorf; Tel. 0 30/91 14 87 10; www.kuren.de; Büro geöffnet Mo–Fr 9–20, Sa 9–18 Uhr

Novasol

Mehr als 1200 Ferienhäuser und Wohnungen (Katalog).

Gotenstr. 11, 20097 Hamburg; Tel. 0 40/23 88 59 82, erreichbar Mo–Fr 9–18.30, Sa 9–15 Uhr; www.novasol.de

Nova-Tours Dresden

Kein Katalogversand. Angebot für individuelle Reisen, z. B. Hotels, Pensionen, Bergbauden, Ferienhäuser und -wohnungen.

www.nova-tours.de

Reisewelt Tschechien Berlin

Ferienhäuser und Gruppenreisen unter www.reisewelt-tschechien.de.

Weitere Zimmervermittlungen im Internet:
www.myczechrepublic.com
www.tschechien.de
www.travelguide.cz

Empfehlenswerte Hotels und andere Unterkünfte finden Sie jeweils bei den Orten im Kapitel »Unterwegs in Tschechien«.

Essen und Trinken

Schweinebraten mit Knödeln ist das Nationalgericht, doch auch Fischspeisen sind sehr beliebt.

Das Prager Traditionsrestaurant U Pinkasu (→ S. 31) liegt zentral in der Nähe des Wenzelsplatzes und serviert böhmische Spezialitäten und Pilsner Bier. An warmen Tagen kann man es sich im Innenhof gut gehen lassen.

Schon zu Zeiten der österreichisch-ungarischen k. u. k.-Monarchie genossen die Speisen des Landes einen guten Ruf. Heutzutage stehen für Essen in Tschechien gemeinhin Schweinebraten samt Sauerkraut und Knödeln und natürlich das weltberühmte Bier (→ MERIAN-Spezial, S. 58). Deftige Fleischgerichte fehlen in der Tat selten auf der Speisekarte (»jídelní lístek«) eines Restaurants (»restaurace«):

Außer Schweinebraten z. B. Lendenbraten in Rahmsauce, Rindergulasch, Ente mit Rotkohl, gefüllte Entenbrust, Wiener Schnitzel, Rostbraten Wiener Art und Gänsebraten. Knödel, in diversen Variationen, gibt's meist dazu. Die Portionen sind reichlich, »Seniorenteller« noch unbekannt. Mit Tschechiens Küche werden sich Kalorienbewusste also nicht unbedingt befreunden, erst recht nicht mit der vor allem in Prag populären »klobása«, einer reichlich fetten Bratwurst. Allerdings sind inzwischen auch die US-Fast-Food-Ketten vor Ort, und wo nicht, da grillen örtliche Händler die Hamburger. Pizzerien gibt es nun viele, in Prag auch die ersten Döner-Stände.

»klobása«, Aal und Znaimer Gurken

Gemüse und Salat müssen zum großen Teil importiert werden und gehören wegen der hohen Einfuhrpreise nicht allzu oft zu den Standardbeilagen. »Fleischlose Speisen« sind nicht immer vegetarisch, sondern können Geräuchertes (»uzené«) enthalten, z. B. Schinken oder Wurst; aber in den Städten gibt es zunehmend mehr vegetarische Gerichte. Internationale Küche, auch leichtere Gerichte, findet man vor allem in den größeren Städten, wobei insbesondere Prag inzwischen etliche Spitzenrestaurants besitzt. Dort weisen die Preise oft westlichen Standard auf, was für das übrige Land ganz und gar nicht zutrifft.

Nur wenig bekannt ist, dass man in Tschechien ausgezeichnet zubereiteten Fisch genießen kann, auch dank der großen Teichgebiete Südböhmens. Forelle gibt es blau oder gebraten, Karpfen ebenfalls blau, paniert oder am Spieß nach serbischer Art, weiter Lachs, Saibling, Zander und Aal. Ebenso wie das Angeln und Fischen ist das Jagen Landessitte, weshalb man des Öfteren schmackhaft zubereitete Wildgerichte im Angebot findet.

Als Spezialitäten gelten eher ungewöhnliche Gerichte wie Kutteln bzw. Kuttelsuppe oder Nierensuppe (»ledvinková polévka«), aber auch Fleisch von der Schweinekeule mit Kümmel in einer Biersauce und das Znaimer Gulasch mit den berühmten, klein geschnittenen Delikatessgurken von Znojmo. Besonders verführerisch sind außerdem die ausgezeichnet schmeckenden Mehlspeisen wie Palatschinken, Marillen- und Zwetschgenknödel (eine böhmische Erfindung).

Das Nationalgetränk der Tschechen ist Bier (→ MERIAN-Spezial, S. 58), Wein wird in Südmähren, bei Melník nördlich von Prag und bei Litoměřice in Nordböhmen angebaut. Beim Wein sollte man besser einige Kronen mehr ausgeben.

Die Restaurants in Tschechien haben normalerweise von 11 bis 22 Uhr geöffnet, Bierhäuser machen meist gegen 10 oder 11 Uhr auf und schließen um 23 Uhr, in Weinstuben (»vinárna«) kann man von 11 Uhr bis Mitternacht sitzen. Cafés (»kavárna«) sind von 9 bis 22 Uhr offen, Konditoreien (»cukrárna«) von 10 bis 18.30 Uhr. Kreditkarten werden meistens nur in Hotelrestaurants und gehobenen Lokalen in den größeren Städten und Heilbädern akzeptiert.

Empfehlenswerte Restaurants und andere Lokale finden Sie jeweils bei den Orten im Kapitel »Unterwegs in Tschechien«.

Einkaufen

Begehrt sind der Likör Becherovka, böhmisches Glas, Granatschmuck und Volkskunst.

Wer Süßes liebt, für den sind die Oblaten aus Karlovy Vary (→ S. 48) eine schöne Erinnerung an den Tschechien-Urlaub. Inzwischen gibt es die runde Leckerei in vielen Geschmacksrichtungen.

Prag ist, welchen Weg man auch immer zur Karlsbrücke einschlägt, ein einziger großer Shopping-Distrikt. Eine derartige Ballung an Souvenir- und Kunstgewerbeläden gibt es sonst nirgends im Land, und nirgends ist auch das Angebot an schön gearbeiteten **Marionetten** größer. In allen bedeutenderen Städten und Fremdenverkehrsorten ist mit Sicherheit stets Glas bzw. Kristallglas im Angebot, eines der beliebtesten Mitbringsel. Die Geschäfte der Ladenketten Bohemia Crystal, Bohemia Glass und Moser sind dafür gute Adressen. Granatschmuck, auch Modeschmuck, wird oft angeboten, z. B. in Jablonec nad Nisou und Turnov in Nordböhmen. Böhmische **Klöppelspitzen**, etwa für Tischdecken oder Kissenbezüge, werden ebenfalls geschätzt, außerdem Lederartikel, Schuhe (Bat'a in Prag und Zlín) und Porzellan.

Wer sich für **Antiquitäten** interessiert (in Prag gilt der Markt als überteuert), sollte sich kundig machen, ob für die Ausfuhr ein Zertifikat benötigt wird. In Antiquariaten wird man, was deutschsprachige Literatur angeht, gelegentlich noch fündig. Schöne Volkskunsterzeugnisse findet man im Museumsdorf von Rožnov pod Radhoštěm im Beskiden-Vorland, z. B. kunstvoll bemalte Eier und Schnitzereien. **Musikinstrumente** sind preiswerter als im westlichen Ausland. Ebenso günstig sind CDs mit Werken klassischer tschechischer Komponisten.

Sehr schöne Miniaturfiguren, Ritter oder Soldaten in historischen

Ein Ritter zum Mitnehmen

Uniformen, kann man in den Schlössern (Český Krumlov, Valtice), in den Schlacht-Gedenkstätten (Chlum, Slavkov u Brna) und auf der Prager Kleinseite erwerben. Jüdische Kulturgegenstände oder auch Schmuck mit Judaica-Motiven sind in der Prager Josefstadt (Josefov) erhältlich.

Ein Klassiker bei Besuchern ist der Becherovka, der Kräuterlikör aus Karlovy Vary. Weniger bekannt ist der Stara Myslivecka, ein hochprozentiges Getränk aus Ústí n. L. mit folkloristischem bunten Etikett. Manche vergleichen den »Alten Förster« mit einem guten Malt Whisky. Beliebt sind auch die mährischen Weine. Gern gekauft werden in Karlovy Vary ansonsten die Karlsbader Oblaten (»opláthy«). Die Brauereien in Plzeň und České Budějovice offerieren reichlich Souvenirs, vom Bierkrug bis zur Bierdeckel-Kollektion.

Obst- und Gemüsemärkte bestehen auf dem Zelný trh in Brno und dem Havelská trh (Havelské nám.) in Prag. Auf Letzterem werden auch Lederwaren und Holzspielzeug verkauft.

Auf den berüchtigten Grenzmärkten sind Gartenzwerge der Marktführer. Veräußert werden oft gefälschte Markenartikel minderer Qualität und Billigwaren (der entsprechenden Kleidung sieht man es an!). Auf keinen Fall sollte man Medikamente erwerben (das Haltbarkeitsdatum ist möglicherweise abgelaufen, oder die Produkte wurden unsachgemäß gelagert).

Lebensmittelgeschäfte sind normalerweise montags bis freitags von 7 bis 18, samstags von 7 bis 12 Uhr geöffnet; andere Läden montags bis freitags von 9 bis 18, samstags von 9 bis 12 Uhr. Auf dem Land oder in kleineren Geschäften besteht eine Mittagspause. In Prag und den Fremdenverkehrszentren sind etliche Läden Samstag und Sonntag offen. Supermärkte wie Tesco und Interspar haben abends und am Wochenende geöffnet. Kreditkarten werden in Geschäften mit hochqualitativen Produkten akzeptiert.

Empfehlenswerte Geschäfte und Märkte finden Sie jeweils bei den Orten im Kapitel »Unterwegs in Tschechien«.

Feste und Events

Tschechien feiert gern und viel – ob Volkskultur, Klassik oder in der Rock-Arena.

Farbenfrohe Feiern, zu denen man sich auch gern in historische Kostüme kleidet, sind in Tschechien sehr beliebt. Die junge Frau vergnügt sich auf dem »Fest der fünfblättrigen Rose«, das in Český Krumlov (→ S. 64) stattfindet.

Märkte und Musik

Den berühmten Komponisten des Landes, Dvořák, Janáček und Smetana, sind renommierte Festivals gewidmet, und die vielfältige Volkskultur präsentiert sich immer wieder farbenprächtig; Folklorekapellen, Blasmusik und sogar Dudelsackpfeifer geben den Ton an. Über Volksmusikfestivals kann man sich unter www.fos.cz informieren. Das Bier wird ebenso gefeiert wie der Wein, und viel Zuspruch auch aus Deutschland finden Open-Air-Konzerte mit Rock- und Technomusik.

Mai

Antonín-Dvořák-Musikfestival
In Příbram sowie im Schlösschen Vysoká u Příbrami und der Basilika von Svatá Hora wird der Komponist, der lange nahe der Stadt lebte, gewürdigt.
www.hfad.cz

Weinmarkt in Valtice
Die größte und bedeutendste Weinausstellung des Landes.
www.radnice-valtice.cz
Mitte Mai

Prager Frühling
Seit 1952 besteht dieses berühmte Festival klassischer Musik, das traditionell mit »Mein Vaterland« von Smetana eröffnet wird.
www.festival.cz
Mitte Mai bis Anfang Juni

Roma-Weltfestival »Khamoro«
In Prag präsentieren sich Roma mit Musik, Filmen, Ausstellungen sowie einem Umzug.
www.khamoro.cz
Ende Mai

Königsritt
Ein farbenprächtiges Volksfest im südmährischen Vlčnov, wo auch in den Weinkellern gefeiert wird. Internationale Folklore, Blasmusik, Markt mit Kunsthandwerk.
www.jizdakralu.vlcnov.cz
Letzter Sonntag im Mai

»Brünn – Stadt inmitten Europas«
Vor der prächtigen Kulisse von Festung Špilberk, der Burg Veveří und andernorts wird in der mährischen Metropole ein gigantisches und farbenfrohes Fest mit Feuerwerk, Heißluftballon-Treffen, Pop, Folk, Klassik, Straßentheater, »Nacht der Museen«, Jahrmarkt und vielem anderen mehr veranstaltet.
www.ignisbrunensis.cz
Ende Mai bis Anfang Juni

Janáček-Musikfestival
Der Komponist gibt Anlass z. B. zu Philharmonie-Konzerten in Kirchen, der Burg und dem Bergbaumuseum der ostmährischen Metropole Ostrava.
www.janackuvmaj.cz
Ende Mai bis Anfang Juni

MERIAN-Tipp

1 Weinlese-Feste

Wenn der Burčák (der »Stürmische«, ein gärender Weinmost) zum Abschluss der Weinlese serviert wird, begeht Anfang September Mikulov in Südmähren die Pálaver Weinlese mit historischem Umzug, mittelalterlichem Feldlager und dem Blasmusiksonntag, an dem es um die Goldene Traube geht. Im mährischen Znojmo stehen Mitte September Fackelzug, »Feuertheater«, der Markt traditioneller Handwerke und ein Ritterturnier im Kloster Louka auf dem Programm. Um den 28. September, den Festtag des heiligen Wenzel, des Schutzpatrons der Weinbauern, ist Melník vor den Toren Prags an der Reihe, wenn hoch über der Elbe das Feuerwerk bestaunt wird.

Juni

Kmochuv-Festival

Seit 1961 treffen sich Blasmusiker in Kolín, in dessen Nähe Frantisek Kmoch (1848–1912) geboren wurde, Komponist nationaler tschechischer Märsche.

www.kmochuvkolin.cz
Mitte Juni

Devet Bran

Die deutsch-tschechisch-jüdische Kultur haben Konzerte, Aufführungen, Ausstellungen und Lesungen in Prag zum Thema, ehe die Veranstaltungsreihe in neun anderen Orten – Devet Bran bedeutet: neun Tore – fortgesetzt wird.

www.9bran.cz
Auftakt Mitte Juni

Fest der fünfblättrigen Rose

Dank Rittern, Gauklern und Bettlern steht die Renaissancezeit in Český Krumlov wieder auf.

www.ckrumlov.cz
Ende Juni

Smetana-Opernfestival

Tschechiens größtes klassisches Open-Air-Festival an zwei verlängerten Wochenenden in Smetanas Geburtsstadt Litomyšl.

www.smetanaoperafestival.com
Ende Juni bis Anfang Juli

Juli

Colours of Ostrava

Mehr als 100 meist sehr bekannte Bands treten beim Open-Air-Rockfestival in Ostrava auf.

www.colours.cz
Anfang Juli

Filmfest Karlsbad

Alljährlich werden hier die Kristallgloben verliehen. Fand zum ersten Mal 1946 statt und spielt mit den Filmfestivals in Cannes, Berlin oder Venedig in der A-Liga. Viele internationale Stars.

www.kviff.com

August

Audite Organum

Jeden Donnerstag bis September ist in der Prager St.-Jakob-Basilika Orgelmusik zu hören.

www.auditeorganum.cz

Chodenfest

Die ehemaligen »Grenzwächter«, ein slawischer Volksstamm, feiern in Domažlice ihr buntes jährliches Spektakel mit Fechtvorführungen, Volkstänzen, Dudelsack- und Blasmusik sowie dem St.-Laurentius-Jahrmarkt.

www.chodskeslavnosti.cz
Anfang August

Chopin-Festival

Mariánské Lázně widmet dem Komponisten eine Reihe von Veranstaltungen.

www.chopinfestival.cz
Ende August

Dudelsackpfeifer-Treffen

Alle zwei Jahre, wieder 2008, treten seit 1967 im südböhmischen Strakonice internationale Dudelsack-Ensembles auf.

www.dudackyfestival.cz
Ende August

September

Musikfestival Prager Herbst

Veranstaltungsreihe mit klassischer Musik in der Hauptstadt.

www.pragueautumn.cz
Mitte September bis Anfang Oktober

Oktober

Internationales Jazzfestival Prag

Die Gruppen treten im Reduta Jazz Club und der Lucerna Music Bar auf.

www.jazzfestivalpraha.cz
Ende Oktober bis Anfang November

November

Festival Alternativa Prag

Eines der größten europäischen Festivals für Rock, Jazz und experimentelle Musik.

www.unijazz.cz

MERIAN Quiz

Böhmakeln und Bahnhöfe

Das Meidlinger L war Heinz Rühmanns Sache nicht. Das eigenwillige Deutsch, das manche Tschechen sprechen, ihr »Böhmakeln«, birgt zweifellos komischen Hintersinn. Im Wiener Stadtbezirk Meidling wohnten einst viele Tschechen. Ihren Akzent aber machte Jaroslav Hašeks braver Soldat Schwejk berühmt.

Es heißt, als Rühmann 1960 die Rolle übernahm, habe ihm Fritz Muliar das Meidlinger L erst beibringen müssen. Dass er es besser beherrschte als Herr Rühmann aus Essen, zeigten die 70er-Jahre, in denen Muliar den Schwejk gab. Womit der tschechische Humor auch auf Deutsch verstehbar wurde.

Fast wortlos eroberte Pan Tau bald Generationen von Kinderherzen. Von der Wirkung der Leichtigkeit eines Milan Kundera oder den Absurditäten eines Bohumil Hrabal auf Ältere ganz zu schweigen. Auch, dass Václav Havel Frank Zappa zum Kulturattaché der (damaligen) Tschechoslowakei ernannte, ist nicht ohne Witz.

Ein Humor also, der tief im Denken dieser (für Nicht-Tschechen kreuzkomplizierten) Sprache liegen muss. Womit wir bei den Gesuchten wären: Zu sehen sind sie etwa links und rechts der Strecke zwischen Jindřichův Hradec und Nova Bystrice. Oder im Hinterland von Jablonec nad Nisou, vermutlich auch in der Umgebung von Litoměřice oder Františkovy Lázně. Doch ganz sicher ist das nicht, da wir bei den Gesuchten kaum die Bahnhöfe verstehen. – Schon klar, wer die Gesuchten sind, oder nicht?

Felix Woerther

Um wen, was oder welchen Ort geht es hier?

Wenn Sie die Lösung wissen, besuchen Sie uns doch im Internet unter **www.merian.de/quiz**. Unter den Einsendern mit der richtigen Lösung verlosen wir Monat für Monat attraktive Preise. Viel Glück!

Sport und Freizeit

Tschechien ist eine traumhafte Destination für Wanderer und Radfahrer, Winter- und Wassersport.

Kanufahren auf der Moldau bei Rožmberk im südlichen Böhmerwald (→ S. 70). Tschechiens zahlreiche Flüsse sind ein ideales Terrain für dieses Vergnügen, und in vielen Orten kann man Boote ausleihen.

In Tschechien gibt es zahllose Möglichkeiten, selbst sportlich aktiv zu werden, man kann jedoch auch Zuschauer sein, z. B. beim Fußball. Wann wo was sportlich stattfindet, entnimmt man dem »Prager Tagblatt«, der »Prague Post« oder der täglich erscheinenden Zeitung »sport«.

Bergsteigen

Český ráj (Böhmisches Paradies), Labské pískovce (Elbsandsteingebirge) und Moravský kras (Mährischer Karst) sind für Felsalpinistik bzw. Sandsteinklettern geeignet.

Golf

Es stehen zahlreiche ausgezeichnete Anlagen zur Verfügung. Auskunft erteilt die Cezká Golfova Federace (www.cgf.cz) und Infocentren der Tourismusämter.

Jagd

Tschechien ist ein beliebtes Jagdrevier. Jagdreisen veranstalten z. B. wwww.lovex.de, www.weyerhunting.de, www.jagdreisen-luedersburg.de.

Radtouren

Zum Radfernwegenetz, teils gebirgig, teils ohne Steigungen, informiert die Broschüre »Radfahren in grenzenloser Weite« der Tourismuszentrale; weitere Vorschläge bei den Infocentren. Mountainbikes und Trekkingräder können ausgeliehen werden.

Veranstalter von Radreisen: www.pedaloradtours.de für den Moldauradweg (350 km, 7 Tage); www.dielandpartie.de für Dresden–Prag–Český Krumlov–Wien (488 km, 11 Tage); www.boehmen.de für den Nationalpark Böhmerwald und die Mährische Weinstraße. 364 km lang ist der Elberadweg ab Riesengebirge (www.elberadweg.cz).

Reitsport

Über Reitschulen und -ställe informiert www.czechtourism.com.

Wandern

Wanderungen sind der Klassiker eines Tschechien-Aufenthalts. 38 000 km umfasst das Wegenetz des 1888 gegründeten »Klub tschechischer Touristen«. Spezialisiert auf Wanderungen ist Begegnung mit Böhmen (→ MERIAN-Tipp, S. 23), das jeweils einwöchige Programme wie Rund um Prag, Böhmerwald und Moldautal, Beskiden und Walachei und Literarische Wanderung im Riesengebirge anbietet (Kostenpunkt 495 bis 570 €).

Wassersport

Auf den zahlreichen Wasserwegen sind Kanusport, Rafting, Kanuslalom und Wasserwandern möglich. Wassersportzentren sind die Stauseen Lipno, Brünn (8 km von Brno) und Vranovská bei Vranov nad Dyjí in Mähren (Segeln, Windsurfen, manchmal Tauchen). Tschechischer Segelsportverband: www.yachting.cz.

Wintersport

Beliebte Zentren sind: Krkonoše (Riesengebirge) mit Špindlerův Mlýn und Harrachov; Šumava (Böhmerwald) mit Železná Ruda und Špičák; Beskydy (Beskiden) mit Lysá Hora und Poustevny; Krušné hory (Erzgebirge); Jeseníky (Altvatergebirge); Jizerské hory (Isergebirge); Orlické hory (Adlergebirge).

MERIAN-Tipp

2 Begegnung mit Böhmen

Viel gelobt und oft ausgezeichnet wurde diese Einrichtung des Evangelischen Bildungswerks Regensburg dank ihres vielfältigen Programms mit thematischen Städtetouren, Literaturreisen, Wanderungen, Rad- und Kanutouren.

Dechbettener Str. 47 b, 93049 Regensburg; Tel. 09 41/2 60 80, Fax 2 60 81; www.boehmen-reisen.de

Familientipps – Hits für Kids

Der Nachwuchs darf durch Ruinen streifen, Höhlen erforschen und »Gold waschen«.

Die liebenswerte Figur des Hurvínek ist in jeder Vorstellung des Prager Marionettentheaters Spejbl und Hurvínek zu sehen und verzaubert vor allem die kleinen Zuschauer.

Wer hätte es gedacht? Mitten in Tschechien findet der Wilde Westen statt: Bei Zvole nad Pernštejn, zwischen Nové Město na Morave und der Burg Pernštejn, ist im Flusstal die mährische **Westernstadt Šiklův mlýn** entstanden, in der man Gold waschen, Pony reiten oder mit der Bimmelbahn fahren kann. Außerdem gibt es spektakuläre Wildwest-Aufführungen und einen Zoo. Übernachten kann man im Hotel Colorado Grand (Juli/Aug.; www.western.cz). Abgesehen davon bietet das Land reichlich Kulisse für großartiges Kindervergnügen: Kletterpartien – auf offiziellen Wegen! – in den Felsenstädten (→ S. 44), die Erkundung der geheimnisvollen unterirdischen, mittelalterlichen Gänge von Plzeň, Tábor und Znojmo, der Bergbauanlage in Kutná Hora oder der **Höhlen** (→ S. 80). Größtes Höhlensystem Böhmens ist Koněpruské jeskyně bei Koněprusy 7 km südlich von Beroun (E 50, Ausfahrt Beroun západ) vor den Toren Prags. **Sommerbobbahnen** gibt es im Riesengebirge in Špindlerův Mlýn und Harrachov sowie in Kutná Hora bei Prag.

Felsenstädte, unterirdische Gänge und Höhlen

In Mladá Boleslav bei Jičín sind die 1895 gegründeten **Skoda-Werke** zu Hause, nun Tochter des VW-Konzerns. Hier laden interessante Ausstellungen wie »100 Jahre Skoda« oder »Wie entsteht ein Auto« zum Entdecken ein (Automuseum, Václava Klementa 294; tgl. 9–17, 31. Dez. 9–14 Uhr, 24.–26. Dez. und 1. Jan. geschl.). Aus Kopřivnice in Mähren kommen die Tatra, deren Lkw die Rallye Paris–Dakar gewannen (Technické Muzeum, Záhumenní 369; www.tatramuseum.cz; Mai–Sept. Di–So 9–17, Okt.–April 9–16 Uhr; Eintritt 75 Kč, erm. 45). Im Regionalmuseum von Melník sind Kinderwagen ausgestellt (www.museum-melnik.cz).

Einer der größten **Safariparks** Europas lädt in Dvůr Králové (Ostböhmen), 35 km von Hradec Králové, ein. Man fährt im Bus durch die Freigehege (www.zoodk.cz; tgl. 8–16 Uhr; Eintritt 135 Kč, erm. 85 Kč, Familien 370 Kč).

Weltberühmt ist der tschechische Puppen- und Trickfilm, worüber die Ausstellung im 30 km südwestlich von České Budějovice gelegenen Lustschloss Kratochvíle bei Netolice informiert (Di–So 9–16 Uhr). In Prag bietet das **Marionettentheater Spejbl und Hurvínek** auch Vorstellungen in Deutsch (Dejvická 38, Praha 6; www.spejbl-hurvinek.cz). Das Märchen »Hänsel und Gretel« ist in Tschechien als »Das Pfefferkuchenhaus« bekannt, und so eins steht in Ráby im Wildgehege unter der Burg Kunětická hora 10 km nordöstlich von Pardubice: Perníková chaloupka (Juli–Dez. tgl. 9–17 Uhr).

Die Attraktion von Třebechovice pod Orebem, 13 km von Hradec Králové, ist **»Betlém«**, die ganzjährige Weihnachtskrippen-Ausstellung mit der »Weltausstellungskrippe« zur Expo 1967 in Montreal. Bauer Josef Probst, ein Holzschnitzer, und ein Mechaniker schufen in 40-jähriger Arbeit das Werk mit 150 Figuren, davon sind 50 beweglich (www.betlem.cz; Juni–Sept. Di–So 9–17, Okt.–Mai 9–16 Uhr). In den **Freilichtmuseen** von Rožnov pod Radhoštěm (→ S. 87) und Kouřim (50 km östlich von Prag; tgl. 9–12 und 13–17 Uhr) kann man Handwerkern bei der Arbeit zusehen.

Lohnend ist in Prag der Ausflug auf den **Petřín** mit seinem Aussichtsturm, einer Nachbildung des Pariser Eiffelturms (Jan.–März Sa/So 10–17, April tgl. 10–19, Mai–Sept. tgl. 10–22, Okt. tgl. 10–18, Nov./Dez. Sa/So 10–17 Uhr). Hinauf geht's mit der Seil-Zahnradbahn, oben sorgt das **Spiegellabyrinth** für Unterhaltung (April und Sept. tgl. 10–19, Mai 10–22, Juni–Aug. 10–20, Okt. 10–18, Nov.–März Sa/So 10–17 Uhr).

Unterwegs in Tschechien

Tschechiens Heilbäder waren schon seit jeher ein Anziehungspunkt für Touristen. In einer prächtigen Kolonnade wie der von Mariánské Lázně (→ S. 51) fühlt man sich schnell in die glanzvolle Zeit der Sommerfrischen zurückversetzt.

Der östliche Nachbar hat das Zeug zu einem faszinierenden Reiseland: Bezaubernde alte Städte wechseln ab mit einer unglaublichen Naturvielfalt von idyllisch bis wild.

Prag und Mittelböhmen

Tschechiens Hauptstadt hat immer Saison, doch auch das Umland wartet mit Attraktionen auf.

Die prachtvoll gelegene und verschwenderisch ausgestattete Burg Karlstejn (→ S. 32) bei Prag, im 14. Jahrhundert als Schatzkammer für Kaiser Karl IV. errichtet, ist heute ein nationales Kulturdenkmal Tschechiens.

Die Goldene Stadt an der Moldau ist eines der führenden europäischen Reiseziele – entsprechend lebhaft geht es zwischen dem lang gestreckten Wenzelsplatz und der Karlsbrücke mit ihren Brückentürmen und Statuen zu. Faszinierend und oft geheimnisvoll ist Prags Kulisse mit dem riesigen Burgareal, dem früheren jüdischen Viertel und den zahllosen Winkeln und Gässchen. Unweit der Hauptstadt findet man die mächtige Burg Karlštejn, meistbesuchte des Landes, die UNESCO-Kulturdenkmal-Stadt Kutná Hora, die ihren Reichtum dem Silber verdankte, und Schloss Konopiště, wo einst der österreichische Thronfolger Franz Ferdinand residierte. Erinnerungsstätten an den Terror der Nazizeit sind Lidice und Theresienstadt.

Praha/Prag

→ S. 113, E 4

1 200 000 Einwohner
Stadtplan → Umschlagkarte hinten

Die Landeshauptstadt zieht mit Abstand die meisten Besucher an, denn 1 Prag zeigt in großen Teilen der Innenstadt noch das historische Stadtbild, dessen Kulisse sich entlang der Moldau oft malerisch aufbaut, und besitzt mit dem Hradschin die größte Burg der Welt. Den Reiz macht seine Vielfalt aus: dunkle Altstadtgassen und imposante Wohnpaläste, prächtige Kirchen und mittelalterliche Synagogen, Barock und Jugendstil, rustikale Bierlokale und feinste Restaurants. Vom Smetanovo nábrezí aus, dem Smetana-Kai rechtsseitig bei der Karlsbrücke, bietet sich ein unvergleichliches Stadtpanorama.

Ein Hinweis zu den Adressen: Maßgeblich sind die weißen Hausnummern auf blauem Grund; die roten Nummern bezeichnen den Grundbucheintrag.

Über die Reize der tschechischen Hauptstadt informiert ausführlicher MERIAN *live!* »Prag«.

Hotels/andere Unterkünfte

Hilton Prague

→ Umschlagkarte hinten, östl. f 1

Spitzenhotel, mit dem Atrium auch architektonisch ein Anziehungspunkt. Health-Club & Spa, Casino. Modernisierungsarbeiten bis 2008.

Pobřežní 1, Praha 8; Metro C Florenc; Tel. 2/24 84 11 11, Fax 84 23 78; www.hilton.de; 788 Zimmer ●●●● CREDIT

K + K Hotel Fenix

→ Umschlagkarte hinten, östl. f 5

Designerhotel mit hohem Standard beim Wenzelsplatz um die Ecke. Business-Lounge. Am Wochenende kann's auf der Straße lauter werden, deshalb schallisolierte Fenster.

Ve Smečkách 30, Praha 1; Metro C Muzeum; Tel. 2/25 01 22 22, Fax 22 21 21 41; www.kkhotels.com; 127 Zimmer ●●● bis ●●●● CREDIT

Mövenpick Hotel

→ Umschlagkarte hinten, südl. a 6

Moderner Hotelkomplex der Schweizer Kette mit gewohntem Standard. Business-Center, Sportmöglichkeiten.

Mozartova 261/1, Praha 5; Straßenbahnen 58, 59, Shuttlebus zur Metro B Anděl; Tel. 2/57 15 11 11, Fax 57 15 31 31; www.moevenpick-hotels.com; 436 Zimmer, davon 136 Executive-Zimmer ●●● CREDIT

Best Western Hotel Kampa

→ Umschlagkarte hinten, südl. a 6

Beliebtes Haus in historischem Komplex auf der Kleinseite, mit Hallenbad. Kein bewachter Parkplatz.

Všehrdova 16, Praha 1; Straßenbahnen 12, 20, 22, 23; Tel. 2/57 40 44 44, Fax 57 40 43 33; www.praguekampahotel.com; 79 Zimmer ●● AmEx MASTER VISA

Sehenswertes

Ehemaliges jüdisches Viertel

→ Umschlagkarte hinten, d/e 2

Im früheren Ghetto (Abriss 1895) in Josefov besteht eine Ansammlung jüdischer historischer Bauten, in dieser Form einmalig in der Welt. Limitierte Besuchszeit.

Metro A Staroměstská; März–Okt. Mo–Fr und So 9–18, Nov.–Feb. 9–16.30 Uhr, Sa und jüdische Feiertage geschl.; Eintritt Jüdisches Museum, Maisel-Synagoge, Spanische Synagoge, Pinkas-Synagoge, Klaus-Synagoge, Zeremonienhalle, jüdischer Friedhof 290 Kč (190), Altneusynagoge 200 Kč (140 Kč), alle Einrichtungen 490 Kč (330 Kč); Audioguide 240 Kč

Hradschin

⇢ Umschlagkarte hinten, a 1

Überragender Bau des größten geschlossenen Burgareals der Welt ist die Kathedrale St. Veit mit der edelsteingeschmückten Wenzelskapelle (1362). Zum Königspalast gehören der Wladislav-Saal, zum Zeitpunkt der Fertigstellung 1480 größter Festsaal Europas, der sogar für Ritterturniere genutzt wurde, und der Statthaltersaal. 1618 fand hier der zweite Prager Fenstersturz statt. Die Kirche St. Georg zeigt sich im Innern romanisch. Zlatá ulička, das Goldene Gässchen mit den »Spielzeughäuschen«, liegt am Ende des Burgareals. Es diente im 16. Jh. als Unterkunft für die Burgwachen; an seinem Ostende steht der ehemalige Kerkerturm Daliborka. Für den Besuch empfiehlt sich der frühe Morgen oder der späte Nachmittag.

Metro A Hradčanska; Informationscenter April–Okt tgl. 9–18, Nov.–März 9–16 Uhr; Tel. 24 37 33 68; www.hrad.cz; Burgareal frei zugänglich (April–Okt. tgl. 5–24, Nov.–März 6–23, Goldenes Gässchen 9–17 Uhr); Besichtigungen April–Okt. tgl. 9–17, Nov.–März 9–16 Uhr; Eintritt St. Veit, Palast, St. Georg, Pulverturm, Goldenes Gässchen mit Daliborka-Turm, Nationalgalerie, Ausstellung 350 Kč (175 Kč), Familien 500 Kč; Palast, St. Georg, Goldenes Gässchen 250 Kč (125 Kč), Familien 300 Kč; Ausstellung 140 Kč (70 Kč), Familien 200 Kč; Nationalgalerie 100 Kč (50 Kč), Familien 150 Kč

Museen

Armeemuseum

⇢ Umschlagkarte hinten, östl. f 3

Das »Armádní muzeum Žižkor« stellt den Zeitraum von 1914 bis 1945 in den Mittelpunkt, ausführlich auch das Attentat auf den NS-Politiker Reinhard Heydrich im Jahr 1942.

U památníku 2, Praha 3/Žižkov; Bus 133, 207; Mai–Okt. Di–So 9.30–18, Nov.–April Mo–Fr 9–17 Uhr

Haus zur Schwarzen Mutter Gottes

⇢ Umschlagkarte hinten, f 3

Im »Dům U Černé Matky Boží« (1911, Architekt Josef Gočár) ist die Dependance der Nationalgalerie dem Kubismus gewidmet.

Ovocný trh 19; Metro A, B Můstek; Di–So 10–18, letzter Einlass 17.30 Uhr, 1. Mi im Monat 15–20 Uhr frei; Eintritt 100 Kč (50 Kč), Familien 150 Kč

Nationalmuseum

⇢ Umschlagkarte hinten, östl. f 6

Größtes Museum des Landes, Themen u. a.: Vorgeschichte, Mineralogie, Zoologie.

Václavské nám. 68; Metro A, C Muzeum; Mai–Sept. tgl. 10–18, Okt.–April 9–17 Uhr, 1. Di im Monat geschl.; Eintritt 120 Kč (70 Kč), 1. Mo im Monat frei

Essen und Trinken

King Solomon

⇢ Umschlagkarte hinten, e 2

Das erste koschere Restaurant in Prag. Sehr exklusiv mit schönem Wintergarten. Nur Nichtraucher. Reservierung Fr (Sabbat Dinner) und Sa (Sabbat Lunch) erforderlich, zu diesen Terminen festes Menü. Tagesmenü mit Getränk 550 Kč.

Široká 8; Metro A Staroměstská; Tel. 2/24 81 87 52; So–Do 12–23 Uhr ●●●●

Rybí trh

⇢ Umschlagkarte hinten, e 3

Tschechiens bestes Fischrestaurant – der Name bedeutet Fischmarkt – wurde sogar von der »New York Times« gelobt.

Von der Prager Karlsbrücke hat man einen der imposantesten Burgberge überhaupt ausgezeichnet im Blick: den Hradschin mit dem mächtigen Dom St. Veit.

Týnský dvůr 5, beim Staroměstské nám.; Metro A Staroměstská; Tel. 2/24 89 54 47; tgl. 11–24 Uhr ●●●●

U Vladaře

⇢ Umschlagkarte hinten, c 3/4

Ausgezeichnetes Restaurant auf der Kleinseite. Spezialität: Entenbraten mit süßlichem Weiß- und Rotkraut.

Maltézské nám. 10; Metro A Malstranská; Tel. 2/57 53 41 21; tgl. 12–24 Uhr ●●●●

U Pinkasu

⇢ Umschlagkarte hinten, f 4

Gemütliches Bierlokal mit gutem Service und Standard. Terrasse und Innenhof. Böhmische Küche.

Jungmannovo nám. 16; Metro A, B Můstek; Tel. 2/21 11 11 50; Restaurant 11–23, Kellerschänke 16–4 Uhr ●●●

Einkaufen

Die Parízská hat sich zum Standort der Markengeschäfte entwickelt. Weitere Hauptgeschäftsstraßen sind die Na příkopě und die Národní třída.

Am Abend

Tschechische Philharmonie

⇢ Umschlagkarte hinten, d 2

Ein auch im Ausland sehr erfolgreiches Orchester.

Rudolfinum, nám. Jana Palacha; Metro A Staroměstská; www.czechphilharmonic.cz; Karten 110–600 Kč

Verkehr

Öffentliche Verkehrsmittel (ohne Nachtlinien, Standseilbahn): Kinder bis 6 Jahren frei; einfache Fahrt ohne Umsteigen bis 30 Minuten 14 Kč (7 Kč), inklusive Einstiegshaltestelle maximal 6 Metro-Stationen; mit Umsteigen bis 75 Minuten (Mo–Fr 20–5 Uhr, Sa/So ganztägig bis 90 Minuten) 20 Kč (10 Kč); Reisegepäck 10 Kč; Hund 20 Kč; Tageskarte 80 Kč (40 Kč), 3 Tage 220 Kč, 7 Tage 280 Kč. Es wird sehr oft kontrolliert!

Die **Prague Card** mit freiem Eintritt zu über 50 Museen und Attraktionen sowie Ermäßigungen kostet für 4 Tage 740 Kč (490 Kč).

MERIAN-Tipp

3 Prager Museen gratis

Wie in vielen anderen Großstädten kann man auch in Prag Museen zum Nulltarif besuchen. Freier Eintritt gilt im Nationalmuseum am ersten Montag im Monat. Alle Einrichtungen der Nationalgalerie sind am ersten Mittwoch im Monat von 15–20 Uhr gratis zu besichtigen. Täglich umsonst besichtigen kann man das Stadtmodell im Altstädter Rathaus, während das Kunstgewerbemuseum am Dienstag von 17–19 Uhr frei zugänglich ist.

Es gibt diverse Anbieter von **Stadtrundfahrten** (250, 420 und 890 Kč). Sehr beliebt sind die Touren mit Oldtimern, die man auf dem Weg zur Karlsbrücke oder beim jüdischen Viertel findet (40 Minuten, 250 Kč pro Person). Buchbar beim Infocentrum (→ S. 32) oder bei ČEDOK (Staré Město, Na příkopě 18; Tel. 2 24 19 72 14; www.cedok.de).

Schifffahrten auf der Moldau starten ab Čechuv most (unter der Brücke); beim Anbieter Evropská voolni doprava kostet 1 Stunde inkl. Getränke 220, 2 Stunden gibt es für 350 Kč (Kinder 110/270 Kč; www.evd.cz).

Monatlich erscheint die Gratis-Programmzeitschrift »Prag Reiseführer« mit ausführlichen Programmhinweisen und Terminen.

SERVICE

Infocentrum

→ Umschlagkarte hinten, e 3

Staroměstské nám. 1 (Altstädter Rathaus); Metro A Staroměstská; Tel. 1 24 44 oder 2/21 71 44 44; www.pis.cz; April–Okt. Mo–Fr 9–19, Sa/So 9–18, Nov.–März Mo–Fr 9–18, Sa/So 9–17 Uhr; Außenstellen: Hlavni nádraží, geöffnet wie Staroměstské nám.; Kleinseitener Brückenturm, April–Okt. tgl. 10–18 Uhr

Ziele in der Umgebung

Český Šternberk/ Böhmisch Sternberg

→ S. 113, F 4

Nahe der Autobahn Prag–Brno (Ausfahrt Šternov) findet man dieses **Schloss** hoch auf einem Felsen über dem Tal der Sázava (Waffensammlung und »Theatrum Europaeum«, Stiche und Blätter aus dem Dreißigjährigen Krieg, meist von Merian). Seit 1992 wieder im Besitz derer von Sternberg.

www.hradceskysternberk.cz; April und Okt. Sa/So und Fei, Mai und Sept. Di–So 9–17, Juni–Aug. 9–18 Uhr; Eintritt 150 Kč (95 Kč)
45 km südöstl. von Praha

Karlštejn/Karlstein

3000 Einwohner → S. 113, D 4

Die meistbesuchte **Burg** des Landes – täglich legen bis zu 3000 Menschen die 30 Minuten Fußweg vom Parkplatz zurück – befindet sich in grandioser Lage vor Prags Toren. Sie wurde 1348 bis 1357 unter Kaiser Karl IV. zur Aufbewahrung der Reichskleinodien erbaut. Die herausragende Sehenswürdigkeit ist die mit über 2400 Edel- und Halbedelsteinen ausgestattete Kapelle des Heiligen Kreuzes. Für deren Besichtigung sind lediglich 15 Personen zugelassen; es empfiehlt sich unbedingt zu reservieren: www.hradkarlstejn.cz (die Website informiert auch über Besichtigungstermine außerhalb der Saison).

Ab Bahnhof ca. 3 km bis zur Burg; März, Nov.–Jan. Di–So 9–15, April und Okt. 9–16, Mai, Juni und Sept. 9–17, Juli/Aug. 9–18 Uhr, Mittagspause Mai–Sept. 12–12.30, Okt.–April 12–13 Uhr, 8. Jan.–28. Feb. und 26. Nov.–25. Dez. geschl.; Tour 1: 50 Min., 220 Kč (120 Kč); Tour 2: Juni–Okt. 80 Min., 300 Kč (150 Kč)
30 km südwestl. von Praha

Hotels/andere Unterkünfte

Hotel Koruna

Renovierter Gasthof im Dorf. Familienbetrieb, einfache Zimmer.

Karlštejn 13; Tel. 03 11/68 14 65, Fax 68 13 41; www.korunakarlstejn.cz; 17 Zimmer ● AmEx MASTER VISA

Kokořín/Kokorschin

→ S. 113, E 3

16 km nordöstlich von Melník wurde die malerische gotische **Burgruine Kokořín** in der Pškova-Schlucht von 1911 bis 1918 im romantischen Stil wiederhergestellt. Nach 16-jährigem Rechtsstreit ging das nationale Kulturerbe 2006 an eine Erbengemeinschaft, Öffnungszeiten daher unter Vorbehalt. Die Burg liegt im 272 qkm großen Naturschutzgebiet Kokořínsko, das sich durch Täler, Schluchten, »Felsenstädte« und Hochebenen auszeichnet.

www.kokorin.cz; April und Okt. Sa/So und Fei 9–12 und 13–19, Mai–Sept. Di–So 9–12 und 13–17 Uhr

55 km nördl. von Praha

Kolín/Kolin

→ S. 113, F 4

29 800 Einwohner

Die Namen des Hotels U Rabína und der Weinstube U synagogy, Bauwerke wie die Synagoge (Na hradbách 157/12; Di–Fr 9.15–13.30, Sa/So 9–12.30 Uhr), Friedhöfe und eine Gedenktafel für die 2254 Deportierten erinnern an die jüdische Gemeinde der an der Elbe gelegenen mittelböhmischen Stadt, nach Prag die zweitgrößte Gemeinde im Land. Der alte jüdische Friedhof liegt 200 m vom Infocentrum in der Kmochova. Der sogenannte neue jüdische Friedhof, eine gigantische Ansammlung von 2600 Grabmälern, befindet sich westlich der Altstadt hinter der Elbe im Stadtteil Zálabi. Auskünfte zur Besichtigung im Infocentrum.

An der 1378 geweihten Bartholomäus-Kathedrale (Glockenturm 1504; Mo–Sa 10–16, So 13–16 Uhr), damals eines der bedeutendsten Bauwerke in Mitteleuropa, wirkte auch Baumeister Peter Parler. Im barocken Beinhaus (Kostnice) von 1733 ist seit

Die Kirche St. Barbara in Kutná Hora (→ S. 35) mit ihrem charakteristischen zeltförmigen Dach ist ein Juwel der gotischen Baukunst in Tschechien.

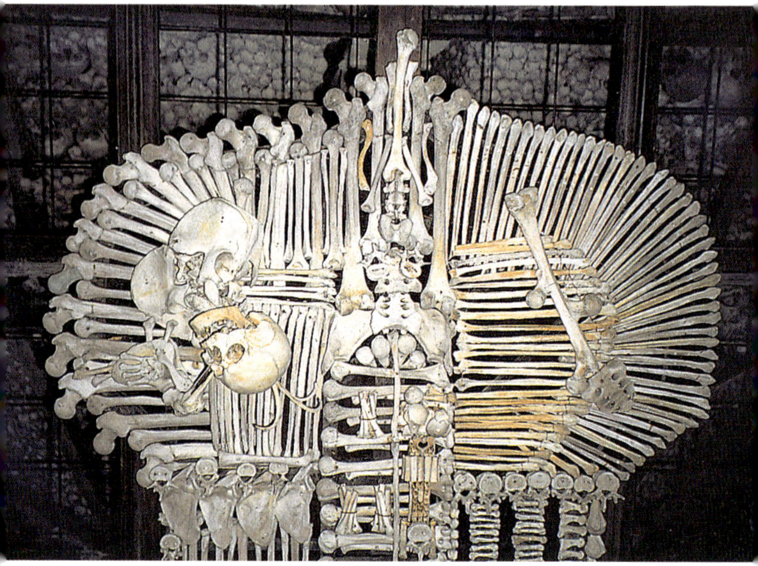

Eine Krone aus menschlichen Knochen: Die Kunstwerke im Beinhaus der Kirche Kostnice Sedlec in der Nähe von Kutná Hora sind gewöhnungsbedürftig.

1851 der »Knochenmann mit Sense« aufgestellt; der Tote soll ein in der Revolution 1848 in Prag umgekommener Student sein.

Kolín saniert sein Zentrum gründlich, seitdem Toyota/Peugeot/Citroën vor Ort produzieren – das bedeutet 3000 neue Arbeitsplätze und mit 1,5 Milliarden Euro die größte ausländische Direktinvestition. Die Bahnstation von Kolín befindet sich außerhalb des Zentrums.

55 km östl. von Praha

SERVICE

Infocentrum

Na hradbách 157/12; www.mukolin.cz; Mo–Fr 8–17, Sa/So 8–14 Uhr

Konopiště/Konopischt

S. 113, E 4

Das beeindruckende, viel besuchte **Schloss** bei Benešov (15 000 Einwohner) südlich Prags wurde im Stil der Romantik umgebaut und war ab 1887 Landsitz von Erzherzog Franz Ferdinand von Österreich-Este, seit 1896 Thronfolger von Österreich-Ungarn. Franz Ferdinand und seine Frau Sophie wurden am 28. Juni 1914 durch ein Attentat in Sarajevo getötet – der Auftakt zum Ersten Weltkrieg.

Besichtigung: drei unterschiedliche Trassen; April und Okt. Di–Fr 9–12 und 13–15, Sa/So 9–12 und 13–15, Mai–Aug. Di–So 9–12 und 13–17, Sept. Di–Fr 9–12 und 13–17, Sa/So 9–12 und 13–17, Nov. Sa/So 9–12.30 und 13–15 Uhr; Eintritt zwei Trassen je 190 Kč (110 Kč), Trasse 3 (Wohnzimmer Franz Ferdinands) maximal acht Personen, 300 Kč (200 Kč); Reservierung: www.zamek-konopiste.cz

27 km südl. von Praha

HOTELS/ANDERE UNTERKÜNFTE

Hotel Benica

Motel an der E 55, 2 km vom Schloss. Frühstück extra (70 bis 200 Kč).

Ke Stadionu 2045, Benešov;
Tel. 03 17/72 56 11, Fax 72 56 13;
www.benica.cz; 33 Zimmer ●●
MASTER VISA

Kutná Hora/Kuttenberg

20 000 Einwohner S. 113, F 4

Die 60 km von der Hauptstadt entfernte mittelalterliche Stadt, ein UNESCO-Kulturdenkmal, war zeitweise nach Prag die bedeutendste in Böhmen, dank der Silberförderung und der zentralen königlichen Münzstätte. Die 1380 bis 1420 errichtete mächtige Kirche St. Barbara (Jan.–April, Okt.–Dez. Di–So 10–16, Mai–Sept. 9–18 Uhr), Höhepunkt gotischer Architektur in Böhmen, ist weithin sichtbar; daneben steht das monumentale Jesuitenkolleg (wird zurzeit renoviert). Kutná Hora besitzt zahlreiche historische Gebäude, darunter den Vlašský dvůr (Welscher Hof, Münzstätte und Königssitz): Jan., Feb., Nov. und Dez. tgl. 10–16, März und Okt. 10–17, April–Sept. 9–18 Uhr; Eintritt 70 Kč (50 Kč); und Hrádek (Burg; Silbermuseum, Bergwerksbesichtigung; April und Okt. Di–So 9–17, Mai, Juni und Sept. 9–18, Juli/Aug. 10–18 Uhr; Eintritt 130 Kč, erm. 80 Kč). Eine halbe Stunde Fußweg außerhalb Richtung Bahnhof ist Kostnice Sedlec, die Allerheiligenkirche mit Beinhaus, wegen Letzterem nun auch Ziel junger »Gruftis«. Die Knochen von 40 000 Toten bilden dort u.a. einen Kronleuchter (Nov.–März Di–So 9–12 und 13–16, April–Sept. 8–18, Okt. 9–12 und 13–16 Uhr; Eintritt 40 Kč).
60 km östl. von Praha

Hotels/andere Unterkünfte

Garni Hotel »Na Havlíčku«
Einfache Unterkunft im historischen Zentrum im Bürgerhaus, aber Zimmer mit Bad/Dusche, WC, Tel., Satelliten-TV, Internetverbindung. Kein bewachter Parkplatz.
Havlíčkovo nám. 513; Tel. 03 27/51 57 73, Fax 51 46 27; www.vlasskydvur.cz/garni_acco_en.html; 9 Zimmer ●
AmEx MASTER VISA

Service

Infocentrum
Palackého nám. 377; Tel. 03 27/51 23 78; www.kutnahora.cz, www.kh.cz; April–Sept. tgl. 9–18, Okt.–März Mo–Fr 9–17, Sa/So 10–16 Uhr

Lidice/Liditz

S. 113, D 4

440 Einwohner

Vor Kladno, an der Straße 551, liegt das neu erbaute Dorf Lidice, dessen Vorgänger Ziel einer grauenhaften Vergeltungsaktion der NS-Besatzer war. Nach dem Attentat auf den stellvertretenden Reichsprotektor Heydrich wurden am 10. Juni 1942 173 Männer ermordet, die Frauen und Kinder ins KZ Ravensbrück verschleppt und das Dorf dem Erdboden gleichgemacht. Zum Památník Lidice, der Gedenkstätte, gehören das Museum mit neuer audiovisueller Ausstellung, der Rosengarten und das eindrucksvolle Denkmal für die Kinder.
Gedenkstätte: April–Okt. tgl. 9–18, März 9–17, Nov.–Feb. 9–16 Uhr, 24.–26. Dez., 31. Dez. und 1. Jan. geschl.; Eintritt 80 Kč (40 Kč), Familien 140 Kč; ab Prag: Haltestelle Vítězné nám. bei der Metro-Endstation Dejvická (Linie A), Bus Richtung Kladno
25 km westl. von Praha

Mělník/Melnik

S. 113, E 3

19 177 Einwohner

Ein sehr ansehnliches Weinstädtchen am Zusammenfluss von Labe (Elbe) und Vltava (Moldau). Zur Stadtkirche St. Peter und Paul gehört ein unterirdisches Beinhaus mit kunstvoll angeordneten Knochen von 10 000 bis 15 000 Menschen (April–Okt. Di–Fr 9.30–12.30 und 13.15–16, Sa/So

10–12.30 und 13.15–16 Uhr). Das Schloss befindet sich nun wieder im Besitz der Familie Lobkowicz: Besichtigung tgl. 10–17 Uhr; Eintritt 70 Kč (50 Kč); Weinprobe 70 bis 350 Kč. Das Schlossrestaurant samt Cafeteria bietet beste Aussicht (Di–So 11–18 Uhr), ebenso das Café im Prager Tor (Di–Fr 12–22, Sa/So 14–22 Uhr). Infocentrum: nám. Míru 11; www.melnik.info.
34 km nördl. von Praha

Terezín/Theresienstadt

1800 Einwohner → S. 113, D 3

Theresienstadt ist einer jener Namen, die für den NS-Terror stehen. Bei Litoměřice hatte Österreich 1780 bis 1790 eine Festung errichten lassen, die allerdings militärisch nie eine Rolle spielte. In der k. u. k.-Monarchie war sie Gefängnis, so auch für drei Attentäter von Sarajevo 1914, die hier starben. Von 1940 bis 1945 bestand in dieser sogenannten Kleinen Festung, 2 km vom Ort und jenseits des Flusses Ohře (Eger), das Gefängnis der Prager Gestapo. 1941 wurde in Theresienstadt selbst ein jüdisches »Ghetto« eingerichtet, das de facto ein Konzentrationslager war. Die Einwohner mussten die Stadt räumen, und 140 000 Menschen wurden in die überfüllten Kasernen deportiert. Theresienstadt erlangte makabre Berühmtheit dadurch, dass die Nazis es im Juni 1944 einer Delegation des Internationalen Komitees vom Roten Kreuz als vermeintliches »Vorzugslager« mit lauter gut behandelten und glücklichen Insassen präsentierten. 87 000 Menschen wurden von dort weiter in die Vernichtungslager im Osten gebracht, von denen lediglich 3800 überlebten. Im Ghetto selbst starben über 35 000 Menschen.
www.pamatnik-terezin.cz; Terezín Memorial: Ghetto-Museum und Magdeburger Kaserne Nov.–März tgl. 9–17.30, April–Okt. tgl. 9–18 Uhr; Kleine Festung Nov.–März tgl. 8–16.30, April–Okt. tgl. 8–18 Uhr; Kombikarte: 200 Kč (150 Kč), Familien 400 Kč; Krematorium, jüdischer Friedhof Nov.–März Mo–Fr und So 10–16, April–Okt. 10–18 Uhr; Nationaler Friedhof tgl. 9–18 Uhr
40 km nordwestl. von Praha

Denkmal für die Kinder von Lidice (→ S. 35), das 1942 Ziel einer beispiellos grausamen Racheaktion der Nationalsozialisten war.

Nord- und Ostböhmen

Das Schattendasein der Region wird dank ihrer Kultur- und Naturwunder bald vorbei sein.

Das monumentale Prebischtor (→ S. 45) in der Nähe von Hřensko, das im Fantasy-Film »Der König von Narnia« sogar zu Kino-Ehren kam.

Eher unbekannt ist diese Region Tschechiens – zu Unrecht. In Hradec Králové kann man schöne Bauten der 1920er- und 1930er-Jahre entdecken. Lohnende Ziele sind außerdem das Böhmische Paradies, wo tatsächlich über allen Gipfeln Ruh ist, die Felsenstädte bei Turnov und natürlich das sagenumwobene Riesengebirge, Rübezahls Reich, das schon immer ein Platz für den Wintersport war. Pardubice besitzt einen der schönsten Plätze Tschechiens, und in Litoměřice weiß man eigentlich nicht, mit welchem der über 100 Kulturdenkmäler man anfangen soll.

Hradec Králové/ Königgrätz

S. 114, A 8

100 000 Einwohner
Stadtplan → S. 41

Als »Salon der Republik« (der ersten tschechoslowakischen) war Hradec Králové wegen seiner Architektur bekannt. Die heutige inoffizielle Hauptstadt von Nordostböhmen war im 13. Jh. die zweitgrößte in Böhmen und Mitgift für die Königinnen – daher der Name: Hradec Králové bedeutet Burg der Königinnen (richtig müsste es also Königinnengrätz heißen).

Nach Aufhebung der Festung erkannte Jan Kotěra, der Begründer der modernen tschechischen Architektur, die einmalige Chance wegweisender Stadtplanung. Die Umgebung von Hradec Králové ist auf S. 92 ausführlich beschrieben.

Hotels/andere Unterkünfte

Amber Hotel Černigov

S. 41, westl. a 1

Ex-Interhotel von 1975 im ersten Hochhaus der Stadt, inzwischen gründlich modernisiert.
Riegrovo nám. 1494 (gegenüber dem Hauptbahnhof, 25 Minuten zu Fuß ins historische Zentrum); Tel. 04 95/ 81 41 11, Fax 52 19 98; www.legner.cz; 230 Zimmer ●● CREDIT

Spaziergang

Dauer: 2,5 Stunden
Bevor wir das moderne Hradec Králové erleben, besuchen wir den großzügigen Stadtplatz der Altstadt, den Velké nám., mit seinen Laubengängen und zahlreichen schicken Cafés der jungen Uni-Szene, in denen Caipirinha und Moijto zum Standard gehören. Nahe der doppeltürmigen Heiliggeistkirche befinden sich die Domherrenhäuser in der K. Tomana, der 68 m hohe Bílá Věž, der Weiße Turm von 1585 (April–Sept. tgl. 9–12 und 13–17 Uhr), die vom Papstwappen gekrönte barocke St.-Klemens-Kapelle (1717) und das 1850 bis 1852 im klassizistischen Stil umgewandelte zweitürmige Rathaus. Die Südseite des Platzes dominieren die Mariä-Himmelfahrt-Kirche der Jesuiten (1654–1666), beeindruckendster Barockbau der Stadt, und das Jesuitenkolleg (1710). Die Galerie für moderne Kunst mit den Bronzeplastiken (Di–So 9–12 und 13–18 Uhr), Velké nám. 139/140, entstand 1912 als Bankhaus.

Das »neue« Hradec Králové offenbart sich Ecke Palackého/Čs. armády mit dem leer stehenden Hotel Bystrica. Das ehemalige Grand Hotel Jidelna (1904) in dem Komplex wird als Okresní Dum Hotel 2007 wiedereröffnet. Beim Žižkov-Park, Ecke Čs. armády/Pospíšilova, blickt man auf die frühere Synagoge im maurischen Stil (1905). Zurück auf der Palackého, sieht man am Elbufer einen der schönsten Jugendstilbauten des Landes, das Ostböhmische Museum (Eliščino nábřeží 465; Di–So 9–12 und 13–17 Uhr), 1908 bis 1912 nach den Plänen von Jan Kotěra (1871–1923) erbaut. Nebenan liegen die Sokol-Sporthalle mit »Filharmonie« (1930) und Hallenbad (1933).

Auf dem anderen Elbufer zeigt sich der Masarykovo nám. mit Kotěra-Schüler Josef Gočárs Wohnbauten (1923/24), ein Glanzstück moderner tschechischer Baugeschichte. Gočár plante auch das J.-K.-Tyl-Gymnazium (Tylovo nábř. 682; 1927). Die Brücke über dem Wehr führt zum Wasserkraftwerk (1912), einem weiteren bemerkenswerten Bauwerk der Sezession, und in den Jirásek-Park. Beim Zusammenfluss von Labe (Elbe) und Orlice (Adler) wurde 1935 die slowakische hölzerne St.-Nikolaus-Kirche vom Beginn des 16. Jh. wieder erbaut. Am Ulrichovo nám. steht als Nr. 854 der Gočár-Bau für die Staatsbahndirektion (1935). Auch der 1935 eröffnete Hauptbahnhof mit 46 m hohem Uhrturm und Statuengruppe repräsentiert das moderne Hradec Králové. Von dort fahren Straßenbahnen zurück zur Altstadt.

Essen und Trinken

Restaurant U Radnice → S. 41, c 2
Eine sehr reichhaltige Speisekarte, auch vegetarische Gerichte. Schöner Sommergarten.
Velké nám. 39; Tel. 04 95/51 19 46; tgl. 11–23 Uhr ●●

Service

Infocentrum → S. 41, b 2
Velké nám. 165; Tel. 04 95/58 04 92; www.ic-hk.cz; Juni–Sept. tgl. 8–12 und 12.30–16.30 Uhr, Okt.–Mai nur Mo–Fr; Zweigstelle: Gočárova 1225; Tel. 04 95/ 53 44 82; www.hradeckralove.cz/brd; Mo–Fr 8–17.30, Juni–Aug. auch Sa 9–15 Uhr

Ziele in der Umgebung

Litomyšl/Leitomischl

10 000 Einwohner → S. 114, B 8

Dank des prächtigen Renaissanceschlosses mit Arkadenhof und einem der ältesten europäischen Schlosstheater zählt das Städtchen seit 1999 zum UNESCO-Weltkulturerbe (April und Okt. Sa/So 9–12 und 13–17, Mai–Sept. Di–So 9–12 und 13–17 Uhr; Eintritt 160 Kč).

In Litomyšl gibt es den Smetanovo nám., das Smetanov-Opernfest (→ S. 20), das Kulturzentrum Smetanov dum und in der Schlossbrauerei die Smetana-Gedenkstätte (Okt.–April Sa/So 9–12 und 13–17, Mai–Sept. Di–So 9–12 und 13–17 Uhr), denn Bedřich Smetana (1824–1884) wurde hier geboren. Der Bierbrauersohn schuf den sinfonischen Zyklus »Mein Vaterland«, dessen berühm-

Der Pernštýnovo nám. in Pardubice wird von Bauten im Renaissancestil gerahmt.

tester Teil »Die Moldau« ist. Von Litomyšl aus verkehren Busse nach Hradec Králové.

55 km südöstl. von Hradec Králové

Service

Infocentrum

Smetanovo nám. 72; Tel. 04 61/61 21 61; www.litomysl.cz; April–Sept. Mo–Fr 9–19, Sa 9–16, So 10–15, Okt.–März Mo–Fr 8.30–18, Sa 9–14 Uhr

Pardubice/Pardubitz

89 000 Einwohner S. 114, A 8

Die Sehenswürdigkeiten von Ostböhmens zweitgrößter Stadt findet man auf überschaubarem Raum. Einer der harmonischsten Plätze Tschechiens ist der Pernštýnovo nám., den man durch das Zelená brána, das Grüne Tor, erreicht (1538; Mai–Okt. Di–So 10–18 Uhr). Am Platz sieht man etliche imposante Gebäude, darunter Dum U Jonáše (Nr. 50) vom Ende des 18. Jh. (Relief: Prophet Jona im Bauch des Wales). Romantische Winkel führen zum Renaissanceschloss, ehemals eine Wasserburg (Ostböhmisches Museum, Glas- und Waffensammlung; Di–So 10–18 Uhr).

Trotz des seit 1964 denkmalgeschützten Stadtkerns sollte man die modernen Bauten vor dem Zelená brána nicht übersehen, das von der Komerční banka (1925, Architekt Josef Gočár) und der Ceská sporítelna (1917) flankiert wird. Gočár konzipierte 1931 auch das Einkaufszentrum OC Grand als Hotel (am Nám. Republicky); das Theater eröffnete 1909.

Probieren sollte man, auch wenn Weihnachten vielleicht noch weit ist,

Die Prachover Felsen im Böhmischen Paradies formen eine natürliche »Felsenstadt«.

Pardubický perník, Pardubitzer Lebkuchen.

Kommt man mit dem Zug in Pardubice an (denkmalgeschützter Bahnhof von 1958), kann man mit der Straßenbahn ins Zentrum fahren.

21 km südl. von Hradec Králové

Service

Infocentrum

Nám. Republiky 1; Tel. 07 75/61 42 23; http://web.ipardubice.cz; tgl. 9–18 Uhr

Liberec/Reichenberg

105 000 Einwohner S. 113, F 2

Als Zentrum für Baumwoll- und Leinenherstellung und kulturelles Zentrum des Sudetenlandes war die nordböhmische Hauptstadt Liberec ehemals weithin bekannt. Die Industrialisierung bescherte Wohlstand, wovon prächtige Gebäude wie das Neorenaissance-Rathaus (1893; Aussicht), das Theater (1883) und das sehenswerte Nordböhmische Museum (Severočeské muzeum, Masarykova 11; Di–So 9–17 Uhr) von 1873 zeugen. Dass das Rathaus dem von Wien ähnlich sieht, hat einen einfachen Grund: Architekt Franz Neumann konzipierte beide Gebäude.

Die Panzerkette rechts vom Rathauseingang erinnert an neun Menschen, die 1968 beim Einmarsch der Warschauer-Pakt-Truppen ums Leben kamen. In der Větrná ul. sind Tschechiens älteste Fachwerkbauten erhalten (die »Wallensteinhäuser« von 1681).

Hotels/andere Unterkünfte

Hotel Babylon

Wer's im Urlaub etwas umtriebiger mag, ist hier genau richtig, denn das Vier-Sterne-Haus gehört zum Babylon Centrum mit Aquapark (freier Eintritt für Hotelgäste), Vergnügungspark »Lunapark«, Casino, Buffet-Restaurants und »Einkaufsstädtchen«. Der Zuschlag für Hunde beträgt: 250 Kč tgl.

Košická 6 (4 km vom Zentrum); Tel. 04 85/25 15 96, Fax 25 15 97; www.centrumbabylon.cz; 410 Zimmer ●● bis ●●● AmEx MASTER VISA

Sehenswertes

Ještěd

Liberec wird überragt vom Ještěd (Jeschken), den in 1012 m Höhe der eigenwillig konstruierte Fernmeldeturm (1973; manchmal als »bestes tschechisches Bauwerk des 20. Jh.« bezeichnet) mit Aussichtsterrasse, Hotel und Restaurant krönt. Zufahrt: Straßenbahn 3 bis Endstation Horní Hanychov, von dort Kabinenseilbahn oder schmale Straße ab Passhöhe Výpřež (Maut).

Service

Infocentrum

Nám. Dr. E. Beneše 1; Tel. 04 85/10 17 09; www.infolbc.cz; Mo–Fr 8.30–18, Sa 9.30–12.30 Uhr

Ziele in der Umgebung

Český ráj/Böhmisches Paradies

S. 113, F 3

Die Wahrzeichen des Böhmischen Paradieses mit seinen Felsgebilden 2 sind weithin sichtbar: die beiden »Vulkansäulen«, in Wirklichkeit die Türme der Burgruine **Trosky** (bei der E 442 Túrnov–Jičín; April und Okt. Sa/So und Fei 8.30–16, Mai–Aug. Di–So 8.30–18, Sept. Di–So 8.30–16 Uhr). Das nahe **Hrubá Skála** ist ein populärer Aussichtspunkt. Die **Prachovské skály** (Prachover Felsen) bei Jičín bieten kühne Auf- und Abstiege. Kost am Südrand des Naturschutzgebiets ist einer der besterhaltenen gotischen Burgbauten. Zwischen Prachov und Kost liegt Libošovice Vesek, das Dorf der Holzhäuser, in dem scheinbar die Zeit stehen geblieben ist.

31 km südl. von Liberec

Hotels/andere Unterkünfte

Zámek Hrubá Skála

Schlosshotel in grandioser Lage, Luxuszimmer mit Aussicht und einfache Touristenzimmer.

Hrubá Skála (2 km von der Bahnstation enfernt); Tel. 04 81/65 91 11, Fax 65 93 33; www.hrubaskala.cz; 55 Zimmer ● bis ●●●● CREDIT

Parkhotel Skalní mešto

Familienhotel, sehr ruhige Lage bei den Prachover Felsen. Kleine Zimmer.

Pařezská Lhota 34, bei Jičín, Anfahrt über die Dörfer Holin/Prachov, Bus bis Prachov-Skalní mešto; Tel. 04 93/52 50 11, Fax 52 50 14; www.skalnimesto.cz; 26 Zimmer ● CREDIT

Frýdlant/Friedland

6000 Einwohner S. 113, F 2

Der große Komplex von Burg (12. Jh.) und Schloss (1598) auf dem Basaltfelsen ist eine der meistbesuchten böhmischen Festen. Die Räumlichkeiten des ehemaligen Besitzes des Herzogs von Friedland, Albrecht von Wallenstein, können besichtigt werden: zwei Trassen, Dauer je zwei Stunden; April und Okt. Di–So 9–15.30, Mai/Juni und Sept. 9–16, Juli/Aug. 9–16.30 Uhr; Eintritt je 100 Kč (70 Kč). Frýdlant liegt am nördlichen Fuß des Jizerské hory (Isergebirge).

32 km nördl. von Liberec

Jablonec nad Nisou/Gablonz an der Neiße

49 000 Einwohner S. 113, F 2

»Eine weltbekannte Stadt mit Luxus und heimischem Elend« nannte Egon Erwin Kisch die ehemalige Glas- und Schmuckmetropole, deren Reichtum sich in Jugendstilbauten und Villen (z. B. an der Podhorská, 28. Října, Lidická) sowie dem modernen Rathaus (1933; im Sommer Aussicht vom 51 m hohen Turm) manifestierte. Sehenswertes Glas- und Bijouterie-Museum (U muzea 4; Di–So 9–17 Uhr; Eintritt 60 Kč, erm. 30 Kč).

13 km südöstl. von Liberec

Jičín/Jitschin

S. 113, F 3

17 000 Einwohner

Das »Tor zum Český ráj« war Hauptstadt von Wallensteins Herzogtum Friedland. Am Valdštejnovo nám. steht das Schloss von 1633.

www.jicin.org

48 km südöstl. von Liberec

Riesengebirge/Krkonoše

S. 114, A 6

Das tschechisch Krkonoše genannte höchste mitteleuropäische Gebirgsmassiv, das Reich von Rübezahl, liegt teilweise in Tschechien und teilweise in Polen. 1963 wurde der Krokonošský národní park, der Nationalpark Riesengebirge, eingerichtet. **Harrachov** (Harrachsdorf), östlich von Jablonec durchs »Tal der Fabriken« und Tanvald (Tannwald), von wo eine Zahnradstangen-Eisenbahn verkehrt, erreichbar, ist ein Touristikzentrum (Sessellift zur größten Skiflugschanze Tschechiens; Dorfkirche mit Glasaltar). Bei 1300 Einwohnern weist **Špindlerův Mlýn** (Spindlermühle) im Zentrum des Riesengebirges (715–1310 m) 10 000 Fremdenbetten auf. **Pec pod Sněžkou** (Petzer, 770 m) liegt unterhalb von Tschechiens höchstem Berg Sněžka (Schneekoppe, 1602 m; Sessellift).

Hotels/andere Unterkünfte

Harmony Club Hotel

Eines von etlichen Monumentalhotels im Krkonoše. Wellness-Bereich, Hallenbad, seit 2006 neues Buffet-Restaurant und Parkhaus mit Lift. Zum Teil sehr geräumige Zimmer. Hunde kosten 380 Kč täglich.

Špindlerův Mlýn-Bedřichov 106; Tel. 04 99/46 91 11, Fax 43 32 67; www.harmonyclub.cz; 103 Zimmer ●● (Sommer), ●● bis ●●● (Winter) CREDIT

Sehenswertes

15 km östlich der Textilstadt Trutnov/Trautenau mit dem Marktbrunnen für Berggeist Rübezahl (1892) sind die **»Felsenstädte«** Teplické skály (Wekelsdorfer Felsen) bei Teplice nad Metují und Adršpašské skály (Adersbacher Felsen) bei Adersbach beliebte Ziele. Letzteres Naturschutzgebiet, das Goethe 1770 besuchte und das man heute u. a. mit einem Kahn bereist (Mai–Okt. 9–17 Uhr), beeindruckt mit 270 Felstürmen.

Einkaufen

Glashütte Harrachov

Zur zweitältesten Glashütte des Landes von 1712 gehören ein Glasmuseum und der Verkauf ab Fabrik.

Novosad & Syn; Besichtigung Mo–Fr 8–14 Uhr, Museum/Laden Mo–Fr 9–17, Sa/So 9–13 Uhr

Túrnov/Turnau → S. 113, F 3

14 447 Einwohner

Die »Stadt der Edelsteine« ist bekannt für die Schmuckherstellung.

21 km südl. von Liberec

Die Schneekoppe ist mit gut 1600 Metern nicht nur die höchste Erhebung des Riesengebirges, sondern ganz Tschechiens.

EINKAUFEN

Duv Granat
Die Genossenschaft ist bedeutendster Hersteller von Granatschmuck.
Pz. Českého ráje: Mo–Fr 9–12 und 13–17, Sa 9–12 Uhr; Palackého 188: Mo–Fr 9–12 und 13–17 Uhr

SERVICE

Infocentrum
Nám. Českého ráje 26;
Tel. 04 81/36 62 55; www.turnov.cz;
Mo–Fr 8–17, Sa 9–12, Juli/Aug. auch Sa 9–16, So 9–14 Uhr

Litoměřice/Leitmeritz

26 000 Einwohner ⇢ S. 113, D 3

Die Stadt am Zusammenfluss von Labe (Elbe) und Ohře (Eger) zählt zu den schönsten Tschechiens. Der Status als königliche Stadt und bischöfliche Residenz hat für den großen Reichtum von mehr als 100 Kulturdenkmälern gesorgt.

HOTELS/ANDERE UNTERKÜNFTE

Hotel Salva Guarda
Reich verzierter Renaissancebau am Markt, bestes Haus am Platz.
Mírové nám. 12; Tel. 04 16/73 25 06, Fax 73 27 98; www.salva-guarda.cz;
16 Zimmer ●● CREDIT

SERVICE

Infocentrum
Mírové nám. 15/7; Tel. 04 16/73 24 40; www.litomerice.cz; Mai–Sept. Mo–Fr 8–18, Sa 8–17.30, So 9.30–16, Okt.–April Mo und Mi 8–17.30, Di und Do 8–16.15, Fr 8–16, Sa 8–11 Uhr

Ziele in der Umgebung

Hřensko/Herrnskretschen

⇢ S. 112, E 2

207 Einwohner

Vom Grenzort Hřensko liegt nur 4 km entfernt das spektakuläre **Pravčická brána** (Prebischtor; April–Okt. tgl. 10–18, Nov.–März Sa/So 10–16 Uhr; Eintritt 50 Kč, erm. 30 Kč), das größte natürliche Felsentor Europas und Symbol des Nationalparks (Nationalpark-Museum im Schlösschen Falkenhorst von 1881). In der České Svýcarsko, der Böhmischen Schweiz, reist man mit einem Kahn auf dem Flüsschen **Kamenice** (Kamnitz) durch zwei Klammen (Ostern–Ende Okt. tgl. 9–18 Uhr). Infos: www.ceskosaske-svycarsko.cz, www.pbrana.cz, www.cztour.cz.

75 km nördl. von Litoměřice

Ústí nad Labem/Aussig an der Elbe

94 000 Einwohner ⇢ S. 113, D 2

Die Stadt selbst lohnt wenig. Unbedingt hinauffahren sollte man jedoch zur gotischen Burg Střekov (Schreckenstein) in geradezu atemberaubender Lage rechts der Elbe. Sie hat Richard Wagner angeblich zur Oper »Tannhäuser« angeregt. (Ende März–Juni, Sept.–Dez. 9–16, Juli/Aug. 9–17 Uhr).

29 km nördl. von Litoměřice

Žatec/Saaz

⇢ S. 112, C 3

20 000 Einwohner

Žatec, zwischen Prag und Karlovy Vary gelegen, gilt als Hopfenmetropole, besitzt deshalb ein Hopfenmuseum und außerdem ein schönes Stadtbild mit Kirche, Rathaus samt mächtigem Turm aus dem 18. Jh. (Juni–Aug. Aussicht), Bastei, zwei Stadttoren und der früheren Synagoge. Wer durch die Obloukovà schlendert, entdeckt alte deutsche Aufschriften. Am Nám. Chelčíckého wurden die Filmkulissen u. a. für »Les Misérables« und »Oliver Twist« geschaffen. Ausgezeichnet informiert wird man auf http://deutsch.mesto-zatec.cz.

69 km südwestl. von Litoměřice

Westböhmen

Hier kann man in einst mondänen Badeorten flanieren und den berühmten Pilsner Gerstensaft kosten.

Außer den berühmten Quellen ist es vor allem die unvergleichliche Lage von Karlovy Vary (→ S. 48) zwischen waldbestandenen Höhenrücken, die seit dem 19. Jahrhundert jede Menge Gäste hierher zieht.

Das magische Bäderdreieck aus Karlovy Vary (Karlsbad), Mariánské Lázně (Marienbad) und Františkovy Lázně (Franzensbad) ist der Hauptanziehungspunkt dieser Region nahe der Grenze zu Deutschland. Im idyllisch gelegenen Karlsbad mit seinen Prachtbauten und in Marienbad mit seiner Singenden Fontäne geht es recht turbulent zu. Ein beschaulicherer Ort ist Franzensbad – schon in früheren Zeiten erholte man sich dort von der Kur in den anderen beiden Bädern. Brauerei und Schankhalle in der Biermetropole Plzeň ziehen täglich Tausende an. Wer's ruhiger mag, zieht sich ins Jagdschlösschen im Schweizer Stil ins Hochmoor von Kladská oder zu den Mönchen von Kloster Teplá zurück.

Cheb/Eger

⇢ S. 112, A 4

33 000 Einwohner

Von all dem Rummel im Grenzgebiet vor seinen Toren merkt man im schönen, denkmalgeschützten Zentrum von Cheb nichts. In eine der ältesten Städte Böhmens hatte es bereits früh »Touristen« gelockt, nachdem Friedrich Schiller 1799 das Schauspiel »Wallensteins Tod« geschrieben hatte. Man wollte den historischen Ort sehen, wo der machthungrige kaiserliche Generalissimus Albrecht von Wallenstein 1634 ermordet worden war, weil man ihn des Hochverrats und der Opposition gegen Kaiser Ferdinand II. beschuldigte. Inzwischen ist aus der Mordstätte ein Museum geworden. Das heutige Cheb war bis 1945 überwiegend deutschsprachig. Die Egerländer blieben eher als andere Vertriebene im Gedächtnis, weil sie in Ex-Jazzer Ernst Mosch mit seinen Original Egerländer Musikanten Hitparadenstürmer der 50er-Jahre besaßen.

Cheb hat einen Bahnhof, und es verkehren Busse nach Karlovy Vary und Mariánské Lázně.

Sehenswertes

Kaiserpfalz Chebský hrad

Auf einem hohen Felsen über der Ohře (Eger), im 9. Jh. Burgsitz der Přemysliden, erbauten deutsche Kolonisten im 12. Jh. eine steinerne Feste. Kaiserneffe Friedrich, später als Barbarossa selbst Kaiser, kam in den Besitz des Egerlandes. 1179 entstand die staufische Kaiserpfalz, Chebs herausragendes Bauwerk, von der u. a. noch der Schwarze Turm aus Buckelquadern und die großartige Doppelkapelle zeugen. In der Burganlage ausgestellt ist der farbenprächtige »Egerer (Kachel-)Ofen« (Willi Russ), den man auf den Müll werfen wollte!

Dobrovského 21; www.chebskyhrad.cz; Mai und Okt. Di–So 9–17, Juni–Sept. tgl. 9–18 Uhr

Service

Infocentrum

Nám. Krále Jiřího z Poděbrad 33; Tel. 03 54/44 03 02; www.mestocheb.cz; Mo–Fr 9–17, Sa 10–14, Mai–Sept. auch So 10–13.30 Uhr

Františkovy Lázně/ Franzensbad

⇢ S. 112, A 3

5000 Einwohner

In Karlsbad und Marienbad muss das Leben einst heftig pulsiert haben: Hoch- und Geldadel hielten es nämlich für angebracht, im Anschluss an die dortige Kur zur Nachkur ins beschaulichere Franzensbad zu reisen. Der einstige »Weltkurort« 5 km nördlich von Cheb hat trotz mehr als vier Dekaden Verstaatlichung Charme und Noblesse bewahrt. »Das vollkommene Heilbad« bietet viel Grün und wirkt ruhiger und bescheidener als die beiden westböhmischen Konkurrenten. 3

Den ersten Versuch, ein Heilbad zu etablieren, machten die örtlichen »Wasserfrauen« zunichte: Sie trugen schließlich das Heilwasser tagtäglich in die nahe Stadt Eger, fürchteten um ihren Verdienst und zerstörten deshalb den ersten Brunnentempel (»Egerer Weberaufstand«). 1793 aber erhob die kaiserliche Regierung den Ort zum Kurort, mit der Benennung Franzensbad hofierte man 1807 Kaiser Franz I.

Nördlich liegt der ehemalige Kurpark mit der Kirche Povýšení Sv. Kříže (1820), südlich der Kurbezirk mit anschließendem Park (früher Salzquellpark) mit dem Lázně I (Badehaus I, 1827), der Kolonáda (1914) und dem Společenský dům (Kurhaus, 1877). Gegenüber vom Kurhaus steht die populäre František-Statue: Wenn eine Frau die Genitalien des »Franzl« berührt, wird sie bald schwanger werden. Der Griff an die Füße der Statue bedeutet Glück. Östlich erstreckt sich der Sady B. Smetany (Smetanapark, ehemals Morgenzeilepark) mit Denkmälern und dem imposanten Hotel Imperial. In der Dr. Pohoreckého befinden sich Museum und Theater (1928). Die Russische Kirche sv. Olga (1899) findet man nördlich vom Zentrum in der Kollárova.

Hotels/andere Unterkünfte

Lázeňský Hotel »Tři Lilie«

Die »Drei Lilien« sind das älteste Kurhaus (1793), in dem schon Goethe und Fürst von Metternich zu Gast waren. Im Zentrum, schöner Innenhof, individuell eingerichtete Zimmer.

Národní třída 3; Tel. 03 54/20 89 00, Fax 20 89 95; www.hotel-dreililien.de; 29 Zimmer ●●● ♿

Service

Infocentrum/FL Tours

Americká 2; Tel. 03 54/54 31 62; www.franzensbad.de; Mo–Fr 8–18, Sa 8–14 Uhr

Karlovy Vary/Karlsbad

63 000 Einwohner ⇢ S. 112, B 3

Stadtplan → S. 49

Einmal im Jahr, Anfang Mai, flaniert »Kaiser Franz Joseph II.«, an seiner Seite »Sisi«, noch einmal die prächtige Mühlbrunnkolonnade entlang. Dann ist Eröffnung der Kursaison, und Karlovy Vary beschwört 3

Ein besonders eindrucksvolles Kleinod mittelalterlicher Baukunst: die romanische Doppelkapelle in der ehemaligen staufischen Kaiserpfalz von Cheb (→ S. 47).

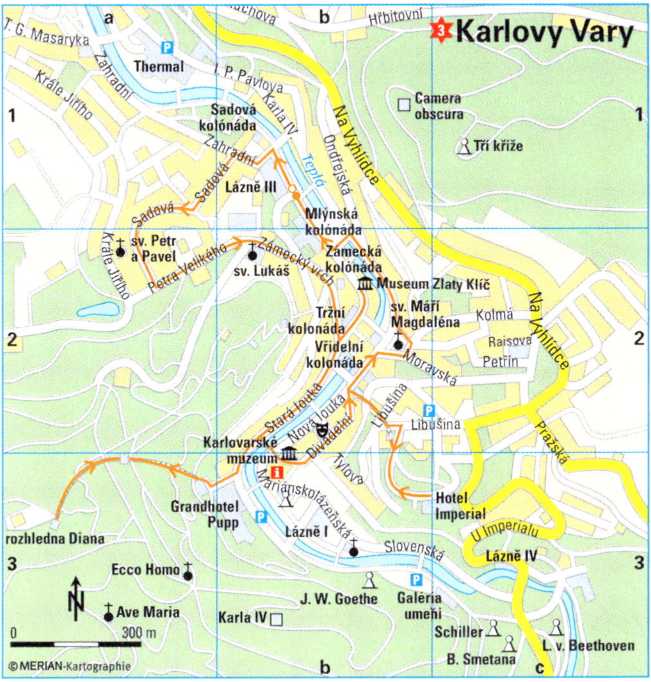

den Glanz vergangener Zeiten. Der demonstrative Akt allerdings tut kaum not: Der Kurort fasziniert auch so durch die großartige Lage im engen Tal der Teplá (Tepl) zwischen bewaldeten Höhen und durch sein vor allem von der vorigen Jahrhundertwende-architektur bestimmtes gepflegtes Stadtbild. Das Kurviertel hat Flair mit Kolonnaden und Promenaden, Straßencafés und Ladenzeilen, prächtigen Grandhotels wie dem Pupp.

Das imposanteste der großen Häuser thront über der Stadt: das Imperial von 1912, wo die Geldleute zu Hause waren (der Adel residierte im Pupp). Nach 1945 war es lange Domizil der KPdSU und ihrer Gefolgsleute. Nun kuren dort jene Russen, die sich den Aufenthalt leisten können. Karlovy Vary ist sehr populär in Russland, das die Statistik der ausländischen Gäste mit Abstand anführt; sogar Direktflüge aus Moskau kommen hier an. Etwa 60 Prozent der Übernachtungsbetriebe sind inzwischen in russischem Besitz.

All die Prominenz aufzuzählen, die das Weltbad besuchte, ist wenig sinnvoll. Besser fragt man: Wer war nicht dort? Goethe jedenfalls kurte 13-mal in Karlsbad und lebte u. a. im Haus »U tří moureninu« (»Zu den drei Mohren«), Stará Louka 2, von dem noch die Originaltür existiert. Stará Louka, Karlovy Varys Corso, hieß früher Alte Wiese.

Hotels/andere Unterkünfte

Grandhotel Pupp und Parkhotel

→ S. 49, b 3

Eine europaweit bekannte Adresse, die auch im benachbarten Parkhotel (116 Zimmer) höchsten Komfort

Diese Marienbader Kurgäste werden erholt wieder nach Hause fahren können.

bietet. Luxuriöses Ambiente. Sauna, Dampfbad, Fitnesszentrum, eigener 18-Loch-Golfplatz, Casino.

Mírové nám. 2; Tel. 03 53/10 91 11, Fax 22 40 32; www.pupp.cz; 112 Zimmer ●●●● CREDIT

Savoy Westend Hotel → S. 49, a 2

Ein weiteres Fünf-Sterne-Etablissement, das von historischen Villen vom Ende des 19. Jh. gebildet wird. Hallenbad, Sauna, Sprudelbäder und Fitnesszentrum.

Petra Velikého 16; Tel. 03 59/01 88 88, Fax 22 53 01; www.savoywestend.cz; 121 Zimmer ●●●● CREDIT

Garni Hotel Ontario → S. 49, b 2

Modernisiertes Haus oberhalb der Mühlbrunnkolonnade. Komfortable Zimmer, ausgestattet mit Stilmöbeln, Kochnische, Kühlschrank, Internet-Anschluss. Schöne Aussicht.

Zamecký vrch 20; Tel. 03 53/22 20 91, Fax 22 33 43; www.hotelontario.cz; 12 Zimmer ●●● (Hauptsaison Mai–Sept.), Nebensaison ●● CREDIT

Spaziergang

Dauer: 3 Stunden

Der Bummel beginnt beim Lázně III (Kurbad, 1867) und der Jugendstilkolonnade (1880). Unbedingt sehenswert ist das Westend um die Sadová mit den meist 1890 bis 1900 erbauten Villen, der Russischen Kirche (1897) und der nahen Englischen Kirche St. Lukas (1877), denn diese Gegend war Favorit der englischen Kurgäste. Der Zámecká Věž (Schlossturm) ist tatsächlich ein ehemaliger Stadtturm. Einen 1975 misslungenen Versuch, moderne Architektur ins Kurviertel zu bringen, stellt der »Sprudel« (»Vřídlo«) dar: Man sollte sich dennoch die Fontäne anschauen und Mineralwasser und Oblaten probieren.

Das Museum Zlaty Klíč (»Goldener Schlüssel«) ist der »Welt der Kolonnaden« gewidmet (Lázeňská 3; Mi–So 9–12 und 13–17 Uhr). 1960 bis 1989 wurde dort mit dem Karl-Marx-Museum ein historischer deutscher Kurgast gewürdigt. Das Gässchen Mariánská führt zur Talstation der Seilbahn (1912), die von April bis Oktober meist von 9 bis 17 Uhr zum Aussichtsturm (1914) und dem Waldrestaurant Diana (547 m) verkehrt. Ein Zwischenhalt erfolgt beim Hirschensprung: Ein Hirsch führte der Sage nach Kaiser Karl IV. zu den Quellen, doch steht auf dem Felsvorsprung eine Gemse – der Denkmalmäzen glaubte nicht an Hirsche in der Gegend.

Zurück im Tal der Teplá, sieht man das Grandhotel Pupp, 1760 begründet, mit grandiosem Festsaal (1905). Gegenüber, am anderen Ufer, liegt das Stadtmuseum (Nová Louka 23; Mi–So). Das Divadlo, das Stadttheater (1886) mit Jugendstilarbeiten von Gustav Klimt, wurde 1999 wieder eröffnet. Auf seinem Balkon ließ sich Hitler 1938 nach der Besetzung des Sudetenlandes feiern. Vom Divadelní nám. verkehrt die Seilbahn zum imposanten Hotel Imperial (das früher Moskva hieß).

Wenn man wieder im Zentrum angelangt ist, sieht man die hochbarocke Kirche Sv. Máří Magdaleny (1736), die von Kilian Ignaz Dientzenhofer geplant wurde. Zurück geht's aufs andere Ufer, zur Mlýnsky Pramen (Mühlbrunnquelle) mit der schönsten Kolonnade (1881) der Stadt, die allerdings seinerzeit nicht dem Zeitgeschmack entsprach und als »Kegelbahn« verspottet wurde.

Vom Ausgangspunkt Lázně III erkennt man bergan das Hochhaus des Hotel-Sanatoriums Thermal (1976), zu dem Filmfestival-Kino (1200 Plätze) und Thermalfreibad (29 °C; 9–20.30 Uhr) gehören.

Essen und Trinken

Restaurant Hotel Promenáda

→ S. 49, b 2

Gehobenes Ambiente und eine feine, einfallsreiche Küche, z. B. Gänsestopfleber mit Calvados flambiert.

Tržiště 31; Tel. 03 53/22 56 48 15; tgl. 10–23 Uhr ●●●●

Restaurant Hotel Embassy

→ S. 49, b 2

Ein Stilrestaurant mit ausgezeichnetem Service im Vier-Sterne-Haus jenseits des sonstigen gastronomischen Standards der Kurstadt.

Nová Louka 21; Tel. 03 53/22 11 61 15; tgl. 10–23 Uhr ●●●

Einkaufen

Jan Becher Muzeum

→ S. 49, westl. a 1

Verkostung des berühmten Likörs Becherovka (»die 13. Karlsbader Quelle«).

T. G. Masaryka 57; tgl. 9–17 Uhr; Eintritt 100 Kč (25 Kč)

Verkehr/Ausflüge

Die Kurzone ist für Pkw Sperrgebiet, es sei denn, man hat dort gebucht. Der Gratisbus Nr. 20 verkehrt ab Parkplatz KOME hinter dem Poštovní Dvůr bis Bad I. Stadtbus ab Bahnhof/Busbahnhof ins Zentrum 10 Kč. Pferdekutschen ab U Hlvaní posty, Lázně III und Divadelním nám.

Ab Kurhaus Kriváň am Dienstag, 13.30 Uhr, Stadtführung mit Untergeschoss der Sprudelkolonnade (150 Kč). Ausflüge ab Infocentrum und Kaleidoskop Travel, Sadová 5, u. a. nach Prag, Plzeň, Mariánské Lázně.

Service

Infocentrum → S. 49, b 2

Lázeňská 1; Tel. 03 53/22 40 97; www.karlovyvary.cz; Mo–Fr 8–17, Sa/So 10–16 Uhr

Mariánské Lázně/ Marienbad

→ S. 112, B 4

15 000 Einwohner

Jedes der westböhmischen Bäder hat seinen ganz eigenen Charakter: Mariánské Lázně, jüngstes Heilbad mit über 100 Mineralquellen in der Umgebung, steht ganz für den Glanz des Fin de Siècle, als gegen Ende des 19. Jh. in dem Waldtal eine Kurstadt wuchs, der man Weltformat bescheinigte. Fast alles blieb, wie es einmal war, denn in der Zeit der kommunistischen Herrschaft fehlten die Mittel für größere Eingriffe im Stadtbild, sieht man vom 1977 erfolgten Abriss des Zwölf-Gebäude-Komplexes Klinger-Tepler-Haus im Zentrum zugunsten eines Aufmarschplatzes und den Fresken der 80er-Jahre in der berühmten Kolonnade ab.

3

Hotels/Andere Unterkünfte

Hotel Esplanade Spa & Golf Resort

Luxuriöses Jugendstil-Kurhotel. Zur Ausstattung der Zimmer gehören

Marmorbäder, Hydromassage, Extradusche – und 200 TV-Programme.
Karlovarská 438; Tel. 03 54/67 61 11, Fax 62 78 50; www.esplanade-marienbad.cz; 110 Zimmer, 32 Apartments ●●●● CREDIT

Danubius Hotel Villa Butterfly
Zentraler Neubau im Kurviertel, Beauty- und Wellness-Programme. Zum Komplex gehören Hallenbad, Sauna und Whirlpool.
Hlavní 655; Tel. 03 54/65 41 11, Fax 65 43 00; www.marienbad.cz; 96 Zimmer ●●● bis ●●●● AmEx MASTER VISA

SPAZIERGANG

Dauer: 2 Stunden
Beginnen sollte man den Rundgang an der gusseisernen Kolonáda von 1889, die in den Eisenwerken von Blansko in Mähren geschaffen wurde und 1951 bis 1990 den Namen von Maxim Gorki trug. Am Goethovo nám. stehen das Denkmal für den Dichter von 1993, das Stadtmuseum (früher Haus zur goldenen Traube, wo Goethe logierte; Di–So 9.30–17.30 Uhr; Eintritt 60 Kč), das Hotel Kavkaz (früher Hotel Stadt Weimar) und die katholische neubyzantinische Mariä-Himmelfahrt-Kirche (1848).

Das Centrální lázně (Zentralbad) ist die größte Badeeinrichtung der Kurstadt. Eindrucksvolle Prachtbauten stellen auch Casino (1835/1901), Stadttheater (1868) und Nové lázně (Neues Bad, 1896) samt Römerbad und Königskabine dar.

Bevor man die Hlavní třída, die traditionsreiche Hauptstraße, hinaufschlendert, sollte man den kleinen Umweg zur russisch-orthodoxen Wladimir-Kirche (1902; Ruská 347; tgl. 9.30–11.30 und 14–16 Uhr) und zur englischen Christ Church (1878; Ruská 98; heute Kulturzentrum), die die vermögende Angelsächsin Anna Scott bauen ließ, machen. Auf der »Hotelzeile« der Hlavní tr. hat so manches Haus einen neuen Namen – der Fürstenhof heißt nun Bohemia, das frühere jüdische Hotel New York ist heute das Polonia –, die Prunkfassaden aber sind dieselben wie ehemals.

Zu Tschechiens Badeorten gehören aufwendig gebaute Kolonnaden. Die in Marienbad wirkt trotz ihrer neobarocken Verzierungen filigran und leicht.

SEHENSWERTES

Jüdischer Friedhof

Auf der Ausfallstraße Chebská zweigt kurz vor der Bahnbrücke ein Weg zum kleinen Židovský hřbitov ab. Die Inschrift »Das erste Opfer des Faschismus in der ČSSR« erinnert an den 1933 in Marienbad getöteten emigrierten deutschen Philosophen Theodor Lessing. Sein Schicksal wurde in der DDR und ČSSR verfilmt (»Schüsse in Marienbad«).

So–Fr 8–17 Uhr, jüdische Feiertage geschl.

ESSEN UND TRINKEN

OREA Hotel Palace Zvon

Das Restaurant des Vier-Sterne-Hotels Cristal Palace bietet böhmische Spezialitäten wie den köstlichen gebackenen Karpfen.

Hlavní 68; Tel. 03 54/68 61 11; tgl. 11.30–15 und 18–22 Uhr ●●●

Restaurant 1900

Tschechische und internationale Gerichte sowie die »westböhmische Bierparade« in schönem Ambiente im Hotel Excelsior.

Hlavní 121; Tel. 03 54/69 71 11; tgl. 18–20 Uhr ●●●

AM ABEND

Singende Fontäne

Aus allen Himmelsrichtungen strömen die Gäste von Mai bis Oktober um 21 und 22 Uhr zur Kolonáda, um die illuminierten Wasserspiele zu erleben. Vorführungen ohne Beleuchtung: ungerade Stunden ab 7 Uhr sowie 20 Uhr.

SERVICE

Infocentrum

Im selben Gebäude befindet sich die Chopin-Gedenkstätte (Di, Do und So 14–17 Uhr).

Hlavní 47/28; Tel. 03 54/62 24 74; www.marianskelazne.cz, www.marianske-lazne.info; März–Okt. tgl. 9–12 und 13–18, Nov.–Feb. tgl. 9–12 und 13–17 Uhr, Jan. und Feb. So geschl.

Ziele in der Umgebung

Kynzvart/Bad Königswart

→ S. 112, B 4

Nur wenige Kilometer von Mariánské Lázně entfernt liegt das kleine Heilbad Lázně Kynzvart in 723 m Höhe am Südhang des früher Kaiserwaldgebirge genannten Bergzuges. Dort gibt es eine Heilquelle samt Geldautomat, an der man sich für den Hausgebrauch versorgen kann.

Fährt man die Bergstraße hinauf nach **Kladská**/Glatzen (13 km nordwestl. von Mariánské Lázně), erlebt man einen der idyllischsten Orte der Republik: Inmitten unberührter Hochmoorlandschaft steht eine Ansammlung von Gebäuden im »Alpenstil«, darunter ein Jagdschlösschen, das Graf Schönburg um 1900 auf einer Wiener Ausstellung ausguckte und hier aufstellen ließ. Ein Naturlehrpfad führt durch die Torfmoore und entlang des großen Teichs, der als Speicherbecken des 1531 bis 1536 angelegten Langen Floßgrabens (Dlouhá stoka) diente, der u. a. die Bergwerke um Horní Slavkov (Schlaggenwald) versorgte.

8 km nordwestl. von Mariánské Lázně

HOTELS/ANDERE UNTERKÜNFTE

Hotel Garni Lovecký Zámeček

Das ehemalige Jagdschlösschen (17 Zimmer) im schweizerischen Stil liegt inmitten des Naturschutzgebiets in 820 m Höhe (Jagdgelegenheit).

Kladská 9; Tel./Fax 03 54/69 13 39; www.sweb.cz/hotel.kladska; 24 Zimmer, 7 Zimmer in der Jagdhütte (Küchenbenutzung, Frühstück extra: 120 Kč) ●

ESSEN UND TRINKEN

U Tetreva

Als »Zum balzenden Auerhahn« war das Restaurant im Bergdorf Kladská schon früher populär. Heute ist es auf Wildgerichte spezialisiert.

Tel. 03 54/69 12 44; tgl. 11–22 Uhr, Feb. geschl. ●● bis ●●●

Teplá/Tepl

→ S. 112, B 4

3000 Einwohner

Das berühmte Prämonstratenserkloster Teplá, einer der Hauptanziehungspunkte in Westböhmen, geht auf das Jahr 1193 zurück. 1950 mussten die Mönche ausziehen, der Komplex wurde Kaserne, ehe 1990 die Rückgabe erfolgte. Kloster: www.klastertepla.cz; Feb.–April Mo–Sa 9–15.30, So 11–15.30, Mai–Sept. Mo–Sa 9–17, So 11–17, Okt. Mo–Sa 9–15.30, So 11–15 Uhr, 24. Dez. geschl., bei Gottesdiensten kein Kirchenbesuch; Eintritt 90 Kč (60 Kč)

15 km östl. von Mariánské Lázně

Hotels/andere Unterkünfte

Hotel Klášter Teplá

Die heimgekehrten Mönche hatten die Zeichen der Zeit rasch erkannt: Das Gästehaus avancierte zum Hotel mit spartanischer, aber zeitgemäßer Einrichtung.

Klášter Teplá 10; Tel. 03 53/39 22 64, Fax 39 23 12; www.hotelklastertepla.cz; 65 Zimmer ● bis ●● ▭ ♿

Plzeň/Pilsen

→ S. 112, C 4

180 000 Einwohner

Stadtplan → S. 55

Wer behauptet, die viertgrößte tschechische Stadt sei ein hässlicher und grauer Industriestandort, hat Plzeň die rechte Aufmerksamkeit noch nicht geschenkt. Die Altstadt mit ihrem schachbrettartigen Grundriss, nur 75 km von der deutschen Grenze entfernt, steht seit 1989 unter Denkmalschutz.

1295 gegründet und am Nürnberger, Regensburger und sächsischen Handelsweg gelegen, gewann die Stadt wirtschaftlich bald Bedeutung. Neben dem Brauereiwesen ist sie Schwerpunkt der Maschinenindustrie (Škoda-Werke), weshalb Plzeň von den Alliierten im Zweiten Weltkrieg bombardiert wurde (926 Tote, fast 7000 zerstörte Gebäude).

MERIAN-Tipp

4 Hotel U Zvonu

Das 2006 neu eröffnete Haus liegt lediglich fünf Gehminuten von Plzeňs Zentrum und beeindruckt mit moderner Ausstattung. Hotelgäste erhalten im Restaurant 10 % Rabatt.

Pražská 27; Tel. 03 78/01 18 55, Fax 01 18 56; www.hotel-uzvonu.cz; 27 Zimmer ●● CREDIT ♿

→ S. 55, C 2

Spaziergang

Dauer: 2 Stunden

Mittelpunkt Plzeňs ist der 2006 neu gestaltete Nám. Republiky, mit den Maßen 139 x 193 m Böhmens größter Stadtplatz. Der Nordturm der gotischen Kirche St. Bartholomäus (April–Sept. Mi–Sa 10–16, Okt.–Dez. Mi–Fr 10–16 Uhr), die die berühmte Pilsener Madonna (um 1390) beherbergt, ragt dort 102 m auf und ist damit Böhmens höchster Kirchturm (Aussichtsplattform tgl. 10–18, Sa nur bis 13 Uhr). Das Rathaus (Nordseite), dessen Sgraffitoschmuck überwiegend 1908 bis 1912 geschaffen wurde, entwarf 1559 ein italienischer Baumeister aus Lugano. Daneben, Nr. 290, steht das für Rudolf II. erbaute sogenannte Kaiserhaus von 1606, dessen Fassade ein Ritter ziert. Die Erzdekanei, Nr. 234, gilt als Plzeňs schönster Barockbau.

Die Straße Pražská führt vom Platz weg und beherbergt unter Nr. 13 die früheren Fleischbänke (Masné krámy), nun Westböhmische Galerie (www.zpc-galerie.cz; Di–So 10–18, Sa 12–18 Uhr). Der nahe Wasserturm (1532) war Teil der Stadtbefestigung. Die Perlová, in der sich der Eingang zu Plzeňs Katakomben befindet, trifft auf die Veleslavínova mit dem besuchenswerten Brauerei-

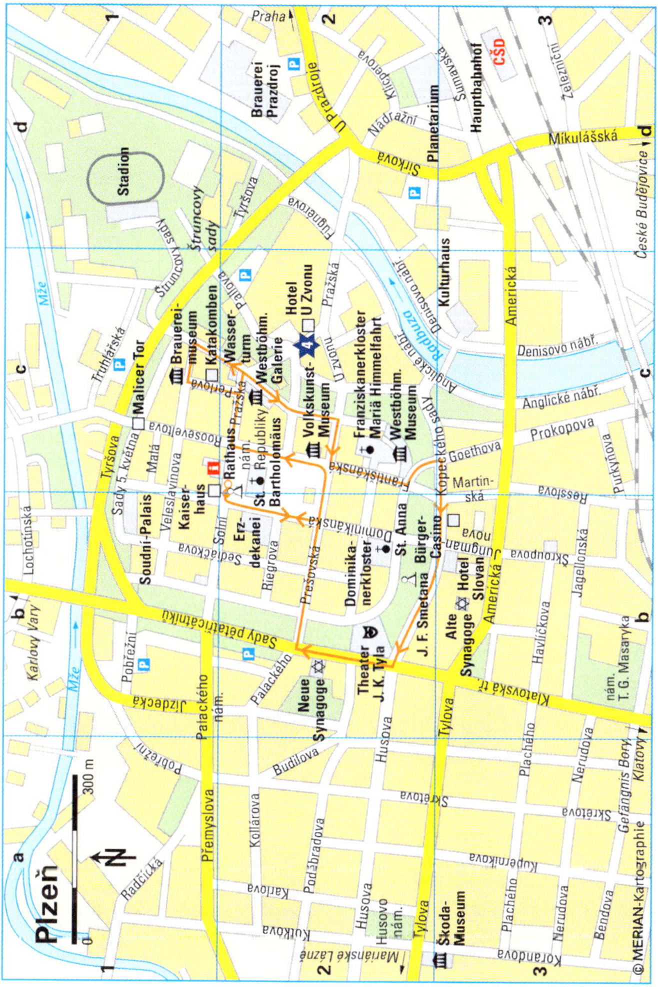

museum (Nr. 6). Durch die Grünanlagen geht man auf Plzens Ringstraße mit etlichen repräsentativen Bauten, vorbei am Westböhmischen Museum (1902), hinter dem das frühgotische Franziskanerkloster mit Mariä-Himmelfahrt-Kirche und St.-Barbara-Kapelle liegt. Weiter Richtung Westen folgen das barocke Dominikanerkloster, das vis-à-vis stehende, innen schön ausgeschmückte Měštanská beseda (Bürger-Casino, 1901) und das Hotel Slovan mit Neorenaissancefassade. Den Abschluss bilden das Theater J. K. Tyla (1902) und die stattliche Neue Synagoge.

Wer die Stadt in Richtung Klatovy verlässt, wird am Ortsausgang rechter Hand gegenüber dem Borsky-Park den mächtigen sternförmigen Bau des

Gefängnisses Bory (1878) entdecken. Dort waren in der k. u. k. Monarchie politische Gegner inhaftiert, in den 1980er-Jahren dann Regimegegner.

SEHENSWERTES

Brauerei Prazdroj ⟶ S. 55, d 2

Die berühmte Pilsner-Urquell-Brauerei, etwa 15 Minuten Fußweg von der Altstadt, bezog 1842 als Genossenschaft die Firmengebäude.

U Prazdroje 7; Besichtigung tgl. 10.30, 12.30, 14, 15.30 Uhr; Voranmeldung: Tel. 0 19/7 06 28 88, Fax 7 06 27 15; www.prazdroj.cz; ohne Anmeldung: Mo–Fr 12.30, 14 Uhr; Eintritt 120 Kč (50 Kč); Souvenirladen tgl. 10–20 Uhr

Katakomben ⟶ S. 55, c 1

40 Minuten dauert die Führung durch die mittelalterlichen Gänge und Gewölbe.

Perlová 4; Juli–Sept. Di–So 9–17, April/Mai und Okt./Nov. Mi–So 9–17, letzte Führung jeweils 16.20 Uhr

MUSEEN

Brauereimuseum ⟶ S. 55, c 1

Das »Pivovarské muzeum« befindet sich seit 1959 am Ort eines früheren Brauhauses, in den 30er-Jahren als Tazlers Bierhalle bekannt, und einer gotischen Mälzerei.

Veleslavínova 6; April–Dez. tgl. 10–18, Jan.–März tgl. 10–17, letzte Führung 16 Uhr; Eintritt 120 Kč (60 Kč)

Škoda-Museum ⟶ S. 55, a 3

Das Museum der weltberühmten Maschinenbaufirma, in der österreichisch-ungarischen Monarchie größte Waffenfabrik, findet man südwestlich der Altstadt (es ist kein Automuseum!).

Korandova 4; Mo–Fr 8–15.30 Uhr, Kassenschluss jeweils 14.30 Uhr

ESSEN UND TRINKEN

Na Spilce ⟶ S. 55, d 2

Etliche Plzeň-Besucher steuern schnurstracks die mit 580 Plätzen größte tschechische Bierhalle im früheren Gärkeller auf dem Brauerei-Areal an. Typische Gerichte zum Bier: Presswurst, Räucherkamm und Käse.

U Prazdroje 7; Tel. 03 77/06 27 55; Mo–Do und Sa 11–22, Fr 11–23, So 11–21 Uhr ●●

Plzeňská Bašta ⟶ S. 55, b 2

Bei den Einheimischen beliebte Bierstube, auch wegen Gerichten wie

Maurisch angehaucht: Die 1892 eingeweihte Neue Synagoge in Plzeň (→ S. 55) wurde nach umfangreicher Renovierung 1998 wiedereröffnet und ist die drittgrößte der Welt.

Rauchfleisch und Kraut im Kartoffelpuffer.
Riegrova 5; Tel. 03 77/23 72 62;
Mo–Sa 10.30–24, So 10.30–22 Uhr ●

U Mansfelda S. 55, c 2
Ausgefallene regionale Spezialitäten wie gebratene Kutteln, aber auch etliche vegetarische Gerichte. Kleine Terrasse.
Dřevěna 9; Tel. 03 77/33 38 44;
Mo–Sa 11–23, So 11–22 Uhr ●

SERVICE

Infocentrum S. 55, c 2
Nám. Republiky 41; Tel. 03 78/03 53 30;
www.icpilsen.cz; April-Sept. tgl. 9–19,
Okt.–März tgl. 9–18 Uhr

Centrum Zlaté slunce S. 55, b 2
Prešovská 7; Tel. 03 77/36 09 31;
www.regiomix.cz; Saison Mo–Fr 8–22,
Sa/So 9–18.30, sonst Mo–Fr 8–19, Sa/So
9–18 Uhr

Ziel in der Umgebung

Příbram/Pribans

38 000 Einwohner S. 113, D 4

Der Bergbau hat Příbram geprägt (→ MERIAN-Tipp, S. 57). 1948 bis 1991 wurde dort Uranerz für die UdSSR gefördert, u. a. durch politische Gefangene. In jener Zeit entstand der Stadtteil Březové Hory im Stil des Stalinismus. Mit der Zeit der Diktatur beschäftigen sich das Museum des III. Widerstandes im Zámeček-Ernestinum (Na příkopech 106; Mo–Fr 9–17, Sa/So 14–17 Uhr) und die Gedenkstätte Vojna südlich der Stadt (April–Okt. Di–So 9–17, Nov.–März 9–16 Uhr).

»Die Stadt selbst lebt vom Bergbau und von einem wundertätigen Muttergottesbild«, schrieb Franz Werfel im Roman »Barbara oder Die Frömmigkeit«: Neben den Bergwerksanlagen ist nämlich die zweite große Sehenswürdigkeit der ansonsten wenig ansehnlichen Stadt der »Heilige Berg« Svatá Hora, Böhmens bedeutendster Wallfahrtsort, in dem seit dem 17. Jh. der Marienkult gepflegt wird. 323 Stufen muss man auf der »Scala Santa« zur Wallfahrtsstätte (586 m) zurücklegen. Der Redemptoristen-Orden, 1950 vertrieben, ist 1990 zurückgekehrt.

Im Neorenaissance-Schlösschen des 12 km entfernten Vysoká u Příbrami ist eine Ausstellung dem Komponisten Anton Dvořák (1841–1904) gewidmet, der dort mehr als 20 Jahre lebte (April–Okt. Di–So 10–16 Uhr).
58 km östl. von Plzeň

SERVICE

Infocentrum
Tyršova 106; Tel. 03 18/40 23 81;
www.pribram-city.cz; tgl. 9–17 Uhr,
24.–26. Dez. und 1. Jan. geschl.

MERIAN-Tipp

5 Bergbaumuseum Příbram

In den 1880er- und 1890er-Jahren lieferte Příbram fast das gesamte Silber- und Bleiaufkommen der österreichisch-ungarischen Monarchie. 1875 stieß man im Schacht Adalbert bis in 1000 m Tiefe vor – europäischer Rekord. Im benachbarten Schacht Marie forderte 1892 ein Grubenbrand 319 Menschenleben. Kaiser Franz Joseph I. ernannte den Unglücksort Birkenberg (heute Březové Hory) zur »Königlichen Bergstadt«. Das Museum berichtet von dem 1989 beendeten Kapitel der Industriegeschichte anhand eindrucksvoller Baudenkmäler (u. a. Malakoff-Förderturm von 1879, Aussicht), Bergarbeiterhäuschen und -kneipe sowie der Grubenbahn-Fahrt in den Prokop-Stollen.

Nám Hynka Kličky 293, Příbram
VI-Březové Hory; www.muzeum-pribram.cz; April–Okt. Di–So 9–17,
Nov.–März Di–So 9–16 Uhr

S. 113, D 4

Wo man in Bier baden kann

In keinem anderen Land der Welt wird mehr Gerstensaft konsumiert als in Tschechien.

Wer aus deutschen Landen kommt und in Tschechien Bier (»pivo«) trinkt, schadet der einheimischen Bilanz, denn mit 162 Litern Konsum pro Jahr führt das Land vor Irland (146 Liter) und Deutschland (123 Liter) die Weltrangliste an.

Ähnlich wie in Großbritannien und Irland der Pub sind in Tschechien »hospoda« bzw. »hostinec« (Gastwirtschaft), »pivnice« (Bierhalle) und »výčep« (Ausschank) vielen ein zweites Zuhause. Man trifft sich am späten Nachmittag und am frühen Abend auf ein Bier, sitzt gemütlich beisammen und bestellt nicht unbedingt Schweinebraten. Denn zum Bier gehören »utope nec« (»ertrunkene« Würstchen in Zwiebeln, Essig und Öl), Camembert – in Öl eingelegt – mit Zwiebeln, Knoblauch und Paprika (»nakládaný hermelín«), gelegentlich auch Rollmops (»zavináč«) und Matjesheringe (»matjesy«).

Wer ein Bier ordert, erhält in der Regel immer 0,5 Liter (»velké pivo« = großes Bier); das »malé pivo« (kleines Bier, 0,3 Liter) bietet man allenfalls Frauen an. Ein Mann, der derlei trinkt, wird nicht ernst genommen. Die Gradstärke (zum Beispiel 7, 10, 12, 13, 14, die beiden letzteren Sorten sind meist Dunkelbiere) bezeichnet die Stammwürze von Gersten, Hopfen und Malz. Den daraus resultierenden Alkoholgehalt errechnet man, indem man die Gradzahl durch 3 dividiert.

Vom Pilsner zum Schwarzbier

Das Pilsner Urquell aus Plzeň hatte der Braumeister Josef Groll aus dem bayerischen Vilshofen erfunden, nachdem die Stadt bereits 1295 von König Wenzel II. das Privileg der »Braugerechtigkeit« verliehen bekam, aber mit der Qualität des Produkts nicht so recht zufrieden war. Ganz anders die Reaktion nach der Innovation: »Goldhelle Farbe, schneeweißer dicker Schaum, schneidiger, köstlicher Geschmack«, wurde das helle, untergärige Produkt der heute größten Brauerei des Landes gepriesen.

Über die Rangfolge der Brauereien gibt es unterschiedliche Angaben, jedenfalls ist Budweiser Budvar in České Budějovice die einzige in Staatsbesitz. Weil ein tschechischer Auswanderer in St. Louis, USA, ein gleichnamiges Unternehmen (Bud) gegründet hatte, gibt es bereits seit langen Jahren einen Rechtsstreit zwischen beiden Firmen.

Das Bier in Tschechien hat einen geringeren Alkoholgehalt als das, das in den Export geht. Pilsner Urquell, das leicht süßliche Budweiser und Staropramen aus Prag sind die Marktführer. In den USA hat sich die Marke Czech Rebel Beer aus Havlíčkův Brod etabliert, eine Brauerei, in der auch Weizenbier hergestellt wird. Es gibt 300 verschiedene Biersorten, viele davon kann man in Prag auf der Kleinseite erwerben (Czech Beer Shop, Lázeňská 15). Die bekannteste Hausbrauerei ist seit Jahr und Tag U Fleků in Prag (Křemencova 11), wo u. a. im großen Biergarten Schwarzbier aufgetragen wird.

Zum Trinken oder Baden

Das Bier wird in etwa gleicher Menge frisch vom Fass oder aus Flaschen getrunken, keine Rolle spielt bislang der Konsum aus Dosen. Das alkoholfreie »Autobier« verzeichnet wegen des Alkoholverbots am Steuer starke Zuwachsraten. D-Bier ist für Diabetiker geeignet.

Natürlich hat Tschechien das Nationalgetränk inzwischen als Touristenattraktion entdeckt. Die Tschechische Zentrale für Tourismus empfiehlt »Bierwege«, es gibt die »Biertouristik«, sogar den »Bier-Radweg«, auf dem offensichtlich keine Alkoholkontrollen stattfinden.

Dekadente Personen baden gelegentlich in Champagner, in Chodová Planá (Kuttenplan) bei Plzeň kann man sogar ins 34 Grad warme »erste Bier-Heilbad der Welt« eintauchen, in eine 1:1-Mischung aus Dunkelbier und Mineralwasser. Das Bad enthält zwei Prozent Alkohol, bei mehr Gehalt würden die Dämpfe zur Trunkenheit führen. Das Ganze dauert 20 Minuten und kostet 550 Kronen, danach kommt die Erholung – und dazu gibt's noch zwei »kleine« Bier (www.echtesbierbad.de).

Weitere Infos zum Thema Bier unter:

- www.budweiser.cz
- www.pilsner-urquell.cz
- www.staropramen.de

Bei einer Führung durch die Brauerei Prazdroj (→ S. 56) in Plzeň erfährt man alles Wissenswerte übers Bier – und darf auch probieren.

Südböhmen

Der legendäre Böhmerwald lädt zu Entdeckungen ein, aber auch der Weltkulturort Český Krumlov.

Blick auf die Altstadt von Český Krumlov (→ S. 64), die sich in eine Schleife der Moldau schmiegt. In der Mitte ist die Kirche St. Veit zu erkennen.

Im sonnigen Süden des Landes ist das malerische Český Krumlov inzwischen die nach Prag meistbesuchte Stadt Tschechiens, der Häuserschmuck von Prachatice am ehemaligen Handelsweg Goldener Steig ist aber auch nicht zu verachten. Und bei České Budějovice, dank Budweiser eine berühmte Biermetropole, erkennt man das Abbild von Windsor Castle wieder: das Weiße Schloss von Hluboká nad Vltavou. In den Böhmerwald, den Nationalpark Šumava, locken geheimnisumwobene Seen, Moldauquelle und Boubín-Urwald, und der Lipno-Stausee ist das Dorado der Wassersportler.

České Budějovice/ Budweis

S. 117, E 10

98 000 Einwohner
Stadtplan → S. 63

Wer am Náměstí Přemysla Otakara II. von České Budějovice, dem wirtschaftlichen und kulturellen Zentrum von Südböhmen, Quartier nimmt, blickt auf einen der schönsten Plätze Europas: faszinierend an sonnigen Tagen, wenn die Kutschen ihre Runden machen, Marktstände umlagert sind und man sich wie in Italien vorkommt. Ebenso nachhaltig ist der Eindruck bei Nacht, wenn der Riesenplatz fast menschenleer ist.

Den Reiz der Stadt am Zusammenfluss von Malše (Maltsch) und Vltava (Moldau) macht die Atmosphäre des denkmalgeschützten Zentrums aus. Gold- und Silbergruben, Salzhandel, Münzstätte und Handwerk haben den Reichtum von České Budějovice begründet – und natürlich das Brauereiwesen, das lokale Bier ist weltberühmt.

Hotels/andere Unterkünfte

Grand Hotel Zvon S. 63, b 2

Ein hervorragendes Hotel, ab 2009 auch mit Fitness- und Wellnessbereich. Zu empfehlen: die Suiten mit Blick auf den Hauptplatz. Business-Zentrum und Parkhaus.

Nám. Přemysla Otakara II. 28; Tel. 03 81/60 16 01, Fax 60 16 05; www.hotel-zvon.cz; 74 Zimmer ●● bis ●●●● CREDIT ♿ 🐕

Hotel Klika S. 63, b 2

An der Malše und beim ehemaligen Dominikanerkloster gelegen. Helle und moderne Zimmer. Ausgezeichnete südböhmische Küche.

Hroznová 25; Tel. 03 87/31 81 71, Fax 22 27 75; www.klika-pension.cz; 26 Zimmer ●● bis ●●● CREDIT ♿ 🐕

Spaziergang

Dauer: ca. 1 Stunde

Der Rundgang hat den Stadtplatz Nám. Přemysla Otakara II. zum Ausgangspunkt, mit 133 x 133 m einer der größten Europas und geschmückt mit dem Samsonbrunnen (1726). Charakteristisch sind die Laubengänge, die man später auch in der Straße Česká sieht. Das Rathaus ist ein sehr schöner Barockbau von 1730 (stündlich Glockenspiel). Zum Hotel Zvon hin erinnert auf dem Platz der »Irrstein« mit Kreuz im Pflaster an eine Sage, nach der zehn junge Männer, die sich 1470 gegen die Stadtväter auflehnten, hingerichtet worden sein sollen.

Die Biskupská führt beim Rathaus hinab zum Fluss, wo man den Weg entlang der Malše und der Stadtmauern einschlägt. Neben diesen ist die frühere Klosterkirche Mariä Opferung ältestes Bauwerk von České Budějovice. Das Salzlager war ehemals Zeughaus (1531). Durch die Ceská strebt man den Masné krámy zu, den Fleischbänken, seit 1953 eine populäre Bierhalle. St. Nikolaus, ursprünglich gotisch, wurde nach dem Stadtbrand 1641 umgebaut. Der nebenstehende Schwarze Turm, ein 72 m hoher Glocken- und Wachtturm von 1577, ermöglicht eine schöne Aussicht (März–Juni Di–So 10–18, Juli/Aug. tgl. 10–19, Sept.–Nov. Di–So 9–17 Uhr).

SEHENSWERTES

Budějovický Budvar
→ S. 63, nördl. a 1

Die Budweiser-Brauerei kann besichtigt werden. Eine gesonderte Ausstellung bietet u. a. ein 3-D-Kino und die virtuelle Reise zu den Quellen.

Karolíny Světlé 4 (nördl. Stadtausgang, Richtung Hluboká/Tábor); tgl. 9–16 Uhr Brauereibesichtigung, 60 Minuten, Anmeldung: Tel. 03 87/70 53 41, E-Mail: exkurse@budvar.cz; ohne Anmeldung: Mo–Fr 14 Uhr; Eintritt 100 Kč (50 Kč); Multimediaschau tgl. 9–16 Uhr nach Anmeldung

ESSEN UND TRINKEN

Masné krámy → S. 63, b 2

Abends treffen sich in dieser zünftigen Bierhalle die Einheimischen.

Krajinská 13; Tel. 03 87/31 86 09; tgl. 9–23 Uhr ●●

Original Budvar Pivnice
→ S. 63, b 2

Rustikale Bierstube der Budweiser-Brauerei im Hotel Malý pivovar (Kleines Brauhaus). Reichhaltige Karte.

Ul. Karla IV 8–10; Tel. 03 86/36 04 71 ●

SERVICE

Infocentrum → S. 63, b 2

Nám. Přemysla Otakara II. c. 2; Tel. 03 86/80 14 12/-4 14; www.c-budejovice.cz; Saison Mo–Fr 8.30–18, Sa 8.30–17, So 10–12 und 12.30–16 Uhr, Nebensaison Mo–Fr 9–16, Sa 9–12 und 12.30–15 Uhr

Ziele in der Umgebung

Hluboká nad Vltavou/Frauenberg → S. 117, E 10

3000 Einwohner

Aus einer Burg wurde ein Renaissanceschloss, aus diesem ein Barockschloss, ehe bis 1871 nach dem Vorbild des königlichen englischen Schlosses von Windsor der prächtige und mit viel Liebe zum Detail ausgestattete Adelssitz derer von Schwarzenberg entstand. Heute ist dieses wunderbare weiße Schloss eines der meistbesuchten im Land (April/Mai Di–So 9–16.30, Juni–Aug. 9–17, Sept./Okt. 9–16 Uhr; Eintritt 160 Kč, erm. 80 Kč).

8 km nördl. von České Budějovice

Der Nám. Přemysla Otakara II. (→ S. 61) ist der Mittelpunkt von České Budějovice (Budweis). Dahinter erhebt sich das Wahrzeichen der Stadt, der Schwarze Turm.

Písek/Pisek

S. 117, D 9

29 800 Einwohner

Das geschäftige und liebenswerte Städtchen (Bahnstation, Busbahnhof) besitzt mit der Starý kamenný most (Hirschbrücke) vom Ende des 13. Jh. samt Barockstatuen über die Otava die nach Regensburg älteste Brücke Mitteleuropas. Am Velké nám. stehen die Reste der böhmischen Königsburg (nun Museum, Arkaden und Freskensaal von 1479 erhalten; www.prachenskemuzeum.cz; Mai–Sept. Di–So 9–18, Okt.–Dez. 9–17 Uhr), das prächtige Rathaus (1764), das mit seinen Türmen ausschaut wie eine Kirche, und das Gotteshaus des früheren Dominikanerklosters mit schöner Fassade. Der Gang um die frühere Stadtbefestigung bzw. heutige Grünzone lohnt sich. Die Dekanatskirche Maria Geburt mit ihren ungleichen Türmen (der größere von 1489 misst 71 m) findet man in der Bakaláře. Ecke Chelčického/Komenského zeigt das ehemalige Hotel Otava bzw. Dvořácek sehenswerte Historienbilder (1899). Schön ist auch der Markt Alšovo nám.

50 km nordwestl. von České Budějovice

Hotels/andere Unterkünfte

Hotel Bílá Růže

Nach Renovierung 2006 wieder geöffnet. Drei-Sterne-Kategorie, mit Gaststätte und Nachtbar.

Fráni Šrámka 169; Tel. 03 82/21 49 31, Fax 21 90 02; www.hotelbilaruze.cz; 23 Zimmer ● bis ●● CREDIT

Essen und Trinken

Jihočeská Restaurace Budvarka
Gutbürgerliche Bierstube der Budweiser-Brauerei.
Komenského 56; Tel. 03 82/21 28 61; Mo–Fr 8–23, Sa 10–23, So 10–22 Uhr ●

Service

Infocentrum
Ab hier starten während der Saison Stadtführungen, auch deutschsprachig; Mindestteilnehmerzahl vier Personen; Mo 13 Uhr; 100 Kč (50 Kč).
Heydukova ul. 97; Tel. 03 82/21 35 92; www.mesto-pisek.cz, www.icpisek.cz; Mo–Fr 9–17, in der Saison tgl. 9–18 Uhr

Trocnov

→ S. 117, E 10

Auf einer Lichtung im Wald steht ein Denkmal für Jan Žižka, dem legendären Hussitenführer, der in der Nähe geboren wurde.
Památnik Jana Žižky; Mai–Sept. Di–So 9–17 Uhr

Český Krumlov/Krumau

13 942 Einwohner → S. 117, E 10
Stadtplan → S. 65

Český Krumlov genießt seit 1963 Denkmalschutz und ist seit 1992 Weltkulturerbe. Die unglaublich malerische Stadt gehört nach Prag zu den meistbesuchten Orten des Landes. Der Wohlstand, der sich unter der Herrschaft der Rosenberger von 1302 bis 1601 dank Brauereien und Teichwirtschaft entwickelt hatte, äußerte sich ab 1450 in einem Bauboom, dem die Altstadt ihr unvergessliches Gesamtbild verdankt. Und über allem thront hoch über der Vltava (Moldau) das Schloss mit 40 Gebäuden und fünf Höfen – einer der größten derartigen Komplexe in Europa. Das Zentrum ist fast komplett »touristisiert«, was auch eher verzichtbare Einrichtungen wie Wachsfigurenkabinett und Foltermuseum nach sich gezogen hat. Die Altstadt ist für auswärtige Autos gesperrt (Parkgebühr), eine Ausnahme bilden Hotelgäste. Český Krumlov kann man ab České Budějovice mit der Bahn (45 Minuten) oder mit dem Bus (30 Minuten) erreichen. Von April–Okt. gibt es Busverbindungen ab Wien, Linz und Brno.

Hotels/andere Unterkünfte

Hotel Konvice → S. 65, b 3
Kleiner, komfortabler Familienbetrieb in der Altstadt.
Horní ulice 144; Tel. 03 80/71 16 11, Fax 71 13 27; www.boehmerwaldhotels.de; 5 Zimmer ●●● bis ●●●● AmEx MASTER VISA

Hotel Růže → S. 65, b 3
Führendes Hotel im ehemaligen Jesuitenkolleg. Zimmer (teilweise mit Moldau-Blick) in historisierendem Stil. Hallenbad und Fitnesszentrum.
Horní ulice 154; Tel. 03 80/77 21 00, Fax 71 31 46; www.hotelruze.cz; 70 Zimmer ●●● bis ●●●● CREDIT

Spaziergang

Dauer: ca. 5 Stunden (inklusive Schlossbesichtigung)
Der Weg beginnt am Hauptplatz Nám. Svornosti mit dem Rathaus (1580). Die Horní führt entlang der Kirche Sv. Víta (St. Veit, 1439 geweiht), der Kaplanka (Kaplanei, 1520) und dem früheren Jesuitenkolleg (nun Hotel Růže, 1588) zum Regionalmuseum. Von dort spaziert man durch die Parkán über den Fluss ins Latrán-Viertel und hinauf zum riesigen Schlosskomplex mit dem Barocktheater, eines der ältesten Europas (1767).

Von der Oberburg sollte man weiter zum Schlossgarten mit dem Lustschlösschen Bellaria (1754), den Reitschulen und der erstmals 1958 eingesetzten drehbaren Zuschauertribüne gehen (im Sommer Freilicht-

aufführungen), die allerdings nach dem Willen von UNESCO und Denkmalschutz beseitigt werden soll.

Sehenswertes

Burg und Schloss ⟶ S. 65, a/b 2

1947 wurde das Schwarzenberger Anwesen verstaatlicht. Es blieb in Staatsbesitz, denn eine Rückgabe erfolgte nur bei nach dem Februar 1947 enteigneten Objekten. Für den gesamten Komplex mit über 320 Räumen gibt es verschiedene Besichtigungsrouten, sogenannte Trassen: Man sollte die Route I wählen, bei der die Goldene Kutsche (1638) der früheren Schlossherrn Eggenberg (die nur einmal, für die 6 km lange Fahrt zu einer Audienz bei Papst Urban VIII. im Vatikan, ins Rollen kam) und der großartige Maskensaal zu sehen sind. Den malte 1748 Josef Lederer mit 135 Figuren in 189 Tagen aus – dargestellt sind auch neugierige Krumauer, die ihm zusahen. Da das Schloss keinen Strom hat, finden von Nov. bis März keine Besichtigungen statt.

www.ckrumlov.cz; Führungen: Route I (siehe oben) und Route II (Wohnräume, Galerie, Mantelbrücke) Di–So 9–17 Uhr, je 60 Minuten; Eintritt je 160/140 Kč (80/70 Kč); Barocktheater Mai–Okt. Di–So 10–15, Führung 45 Minuten; Eintritt 180 Kč (90 Kč); Schlossturm April–Okt. tgl. 9–16.30 Uhr; außer Barocktheater Zugang ab III. Schlosshof

Museen

Egon Schiele Art Centrum ⟶ S. 65, a 3

Eine internationale Stiftung hat 1993 die Ausstellung mit Werken des österreichischen Künstlers etabliert. Schiele (1890–1918), dessen Mutter

Die Mantelbrücke des Schlosses von Český Krumlov (→ S. 65) erinnert an ein römisches Aquädukt.

aus Český Krumlov stammte, war allerdings nur 1910/11 kurzzeitig in der Stadt, deren Bürger seine Aktzeichnungen verdammten und ihn letztendlich vertrieben. Zu empfehlen wegen seiner Mehlspeisen ist das Museumscafé.

Siroká 71; www.schieleartcentrum.cz; tgl. 10–18 Uhr; Eintritt 120 Kč (70 Kč)

Essen und Trinken

Rybářská Bašta Jakuba Krčína

→ S. 63, a 3

Das Restaurant ist benannt nach dem einstigen Teichbaumeister, und deshalb werden hier Fischspezialitäten serviert.

Kájovská 54; Tel. 03 80/71 26 92; tgl. 11–22 Uhr ●●

Rybářská restaurace »Na Ostrově«

→ S. 63, a 1

Auf dem Moldau-Inselchen genießt man an Holztischen oder im Freien Fisch, den Mitglieder des Anglerverbandes ausgewählt haben.

Na Ostrově 84; Nov.–Mai tgl. 11–15, Juni und Sept. tgl. 11–17, Juli/Aug. tgl. 11–21 Uhr ●●

Am Abend

Hospoda »Na louží« → S. 63, a 3

Die urgemütliche Kneipe (auch Hotel) besitzt die Original-Inneneinrichtung von 1932, einen Biergarten und ist geschmückt mit nostalgischer Werbung. Spezialität: die südböhmische Kulajda-Suppe (Pilze und Kartoffeln).

Kájovská 66; tgl. 10–23 Uhr; Tel. 03 80/71 12 80 ●●

Aktivitäten

Bootsverleih (bei längeren Touren auch Rückholung): Rooseveltova 28; www.malecek.cz. Unter derselben Adresse kann man auch **Floßfahrten** buchen (tgl. 13, 15, 17, 20. Juli–25. Aug. auch 20 Uhr).

Service

Infocentrum → S. 63, a 2

Hier kann man für 100 bis 180 Kč Audio-Stadtführer erhalten.

Nám. Svornosti 2; Tel. 03 80/7 04 62 13; www.ckrumlov.cz/info; tgl. meist 9–18 Uhr

Ziel in der Umgebung

Lipno-Stausee

→ S. 117, D 10/11

Nur knapp 30 km von Český Krumlov entfernt liegt der 44 km lange Lipno-Stausee (Vodní nádrž Lipno; im Sommer ca. 20 Grad) der Moldau, dessen Staumauer 1959 fertiggestellt wurde, um Überschwemmungen zu verhindern. Die Gegend bezieht ihre Anziehungskraft mit aus der Nähe zum Národní park Šumava (Nationalpark

Böhmerwald), die Orte sind weniger attraktiv. Nahe **Nová Pec** (Neuofen) am Nordende des Stausees – idealer Ausgangspunkt für Wanderungen im Grenzgebiet zum Plešné Jezero (Plöckensteinsee; Stifter-Denkmal; 11 km) in 1090 m Höhe – existieren noch Reste des Schwarzenbergschen Schwemmkanals (Švarcenbergsky Plavební Kanál), der 1791 bis 1822 für die Flößerei entstand (ab Nová Pec: 4 km Fußweg zum Kanal, 9 km zum 419 m langen Kanaltunnel).

Auf der Fahrt vom Südende des Stausees auf der 163 nach Vyšší Brod sollte man hinter dem Städtchen Loučovice an der **Čertova stena** (Teufelswand) halten: Ein steinernes Meer ergießt sich ins Moldautal.

Von April–Okt. verkehren zwischen Lipno nad Vltavou und Frymburk Ausflugsschiffe (www.rosenberger-lipno-line.com).

28 km westl. von Český Krumlov

Hotels/andere Unterkünfte

Landal Marina Lipno

Moderne Anlage mit 306 Ferienwohnungen und Studios am Sandstrand, auch im Winter wegen des Skigebietes Lipno-Kramolin beliebt. Guter Komfort. Hallenbad (Nov. geschl.), Bootsverleih.

Lipno nad Vltavou; Tel. 0 18 05/70 07 30; www.landal.de; Studio (2 Personen)/ Ferienwohnung (bis 6 Personen) eine Woche 180–440/355–800 €

MASTER VISA

Sehenswertes

Stifter-Haus in Horní Planá

»In dem Marktflecken Oberplan im Budweiserkreise« wurde Adalbert Stifter (1805–1868), der Schriftsteller und Maler, geboren, der die Gegend in seinen Werken verewigt hat (z. B. in der Erzählung »Der Hochwald«). Oft gemalt hat Stifter auch die Burgruine Wittinghausen (Vítkův hradek), die man von Frymburk (Friedberg) mit der Autofähre erreicht (ab Südufer noch 2 km).

Palackého 21, Horní Planá; April–Juni, Sept. Di–So 10–12.30 und 13.30–18, Juli/Aug. tgl. 10–12.30 und 13.30–18, Okt. Di–So 9–12 und 12.30–16, Nov.–10. Dez. Di–Sa 9–12 und 12.30–16 Uhr, 11. Dez.–30. März geschl.; Eintritt 50 Kč (25 Kč)

Service

Infocentrum

Námestí 8, Horní Planá; Tel. 03 80/73 80 08; www.horniplana.cz; Mo–So 9–12 und 12.45–18 Uhr

Tábor/Tabor

35 000 Einwohner S. 117, E 9

Stolz thront es auf der Hochfläche zwischen dem Fluss Lužnice und dem Teich Jordán: Tábor, dessen Name auf den biblischen Berg zurückgeht und das der radikalste Flügel der Hussiten nach 1420 gegründet hatte. Wer sich dem anschloss, warf auf dem Stadtplatz erst einmal sein Geld in große Bottiche, um das frühe sozialistische Projekt zu fördern. Reformer Jan Hus war zwar 1415 beim Konstanzer Konzil verbrannt worden, doch seine Forderungen hatten Bestand: Gleichberechtigung von Mann und Frau, Säkularisation, keine Einflussnahme der Kirche auf die Politik. Unter der schwarzen Fahne mit dem roten Kelch zogen die Aufständischen 1520 gegen Kaiser und katholische Kirche: »Das tschechische Volk schrieb europäische Geschichte« (Lokal-Chronik). Militärisch war die Bewegung trotz vom Papst initiierter »Kreuzzüge« unbezwingbar. Die radikalen Taboriten jedoch wurden 1434 von den gemäßigten Hussiten vernichtend geschlagen.

Wenige Kilometer südl. von Tábor liegt das Industriestädtchen **Sezimovo Ústí**, wo 1932 der tschechoslowakische Staatspräsident Edvard Beneš (1884–1948) in seinen Sommersitz einzog (April–Sept. tgl. 9–18, Okt.–März tgl. 8–15 Uhr).

Hotels/andere Unterkünfte

OREA Hotel Lázně Tábor

Das Stadtbad am Fluss Lužnice wurde zu einem Hotel umgebaut, das sehr gut ausgestattet ist und Restaurant, Winter- und Sommergarten besitzt. Etwa 15 Minuten zum Zentrum.

U Lázní 44; Tel. 03 81/20 25 11, Fax 20 25 13; www.orea.cz/laznetabor; 10 Zimmer, 5 Suiten ●●

AmEx MASTER VISA

Museen

Hussiten-Museum/ Katakomben/Galerie

Im Alten Rathaus wird ausführlich über die sozialrevolutionäre Bewegung informiert (weitere Abteilungen in den südlich gelegenen Orten Soběslav und Veseli nad Lužnici). In dem Gebäude beginnen auch die Touren durch Tábors »Unterwelt«: Seit 1968 sind 800 m des 14 km langen Labyrinths kühler unterirdischer Gänge aus dem Mittelalter zugänglich.

Nám. Mikuláše z Husi 44; www.husmuzeum.cz; Gänge April–Okt. tgl. 8.30–17, Nov.–März Mo–Fr 8.30–17, letzte Führung jeweils 16.30 Uhr; Museum und Galerie jeweils bis 17 Uhr

Service

Infocentrum

Hier gibt es ein Faltblatt für einen Rundgang.

Žižkovo nám. 2 (Rathaus); Tel. 03 81/ 48 62 30; Mai–Sept. Mo–Fr 8.30–19, Sa/So 10–16, Okt.–April Mo–Fr 9–16 Uhr

Ziele in der Umgebung

Jindřichův Hradec/ Neuhaus

→ S. 117, F 10

16 000 Einwohner

Der Ort der früher eine Tuchmacherhochburg war, besitzt eine weitgehend denkmalgeschützte Altstadt und den nach Prag und Český Krumlov größten Schlosskomplex des Landes. Im früheren Jesuitenseminar (1608), Balbínova nám. 19, ist im Bezirksmuseum die Krýza-Krippe, die größte mechanische Volkskunstkrippe der Welt, zu sehen (April–6. Jan. Di–So, Juni–Sept. tgl. 8.30–11.30 und 12.30–16.30 Uhr). Aussicht vom Stadtturm: April–6. Jan. Sa/So, Juni–Aug. tgl. 10–12 und 13–16 Uhr.

46 km südöstl. von Tábor

Das Städtchen Frymburk liegt am südlichen Abschnitt des lang gestreckten Lipno-Stausees (→ S. 66).

HOTELS/ANDERE UNTERKÜNFTE

Hotel Concertino

Renaissancehaus und Neubau wurden zum besten Hotel der Stadt verbunden.

Nám. Míru 141/I; Tel. 03 84/36 23 20-2, Fax 36 23 23; www.concertino.cz; 37 Zimmer ●●

SEHENSWERTES

Burg und Schloss

Zum imposanten Komplex mit 320 Räumen (und über 500 Schlüsseln) am Ufer des Teichs Vajgar gehören Burg (13.–15. Jh.), Renaissanceschloss (1598), das prächtige Gartenrondell, gleichzeitig Konzertsaal, und Schwarzer Turm (13. Jh.).

www.zamekjh.cz; Di–So 9–16 Uhr; drei Trassen, Eintritt je 140 Kč (70 Kč) bis 160 Kč (80 Kč), alle drei Trassen 360 Kč (180 Kč)

SERVICE

Infocentrum

Panská ul. 136/I; Tel. 03 84/36 35 46; http://twist.jh.cz; Juli/Aug. Mo–Fr 8–18, Sa/So 8–12, Sept.–Juni Mo–Fr 8–17, Sa 8–12 Uhr

Třeboň/Wittingau

8994 Einwohner S. 117, E 10

Das liebenswerte Třeboň ist Zentrum der Fischwirtschaft sowie Heilbad. Geparkt wird am Zlatá stoka, dem Goldenen Kanal, dem 48 km langen Bestandteil des Wasserwegesystems, ehe man durchs Hradecká brána, eines von vier Stadttoren, zum Markt spaziert. Der 1638 erbaute Turm des Rathauses von 1566 kann bestiegen werden (Juni–Aug. tgl. 10–18 Uhr). Am Ende des Markts liegt das Schloss beim Rybník svět (Weltteich), um den ein 12 km langer Lehrpfad führt (16 Stationen). St. Ägidius (1380) im Augustinerkloster ist berühmt für die »Madonna von Wittingau« (um 1390; am rechten Seitenaltar).

50 km südl. von Tábor

MERIAN-Tipp

6 Mit der Bahn durchs »Böhmische Kanada«

In der wegen der Teiche und Wälder so benannten Gegend verkehrt seit 1897 die Jindrichohradecké místni drahy, eine Schmalspurbahn, von Jindřichův Hradec auf fast 80 km nach Nová Bystrice.

Auskunft: Infocentrum Jindřichův Hradec; www.jhmd.cz S. 117, F 10

HOTELS/ANDERE UNTERKÜNFTE

Hotel Zlatá hvězda

Den »Goldenen Stern« bilden drei historische Gebäude. Seit 2005 kleines Wellness-Zentrum. Ausschließlich Nichtraucher-Zimmer, »Raucherecke« im Flur. Hunde kosten 150 Kč pro Tag.

Masarykovo nám. 107; Tel. 03 84/75 71 11, Fax 75 73 00; www.zhvezda.cz; 48 Zimmer ●● CREDIT

SEHENSWERTES

Schloss

Der Renaissancebau mit schönem Park war früher eine Burg, dann Fürstenresidenz.

April–Mai und Sept./Okt. Di–So 9–16, Juni–Aug. 9–17.15 Uhr; drei Trassen, maximal 70 Kč (35 Kč)

Schwarzenberger Gruft

Seit 1660 war Třeboň Besitz der Schwarzenberger, die 1877 die imposante neugotische Gruft errichten ließen (südwestlich der Altstadt).

Im Schlosspark; April–Mai und Sept./Okt. Di–So 9–16, Juni–Aug. 9–17.15 Uhr; drei Trassen, maximal 70 Kč (35 Kč)

ESSEN UND TRINKEN

Rybářská Bašta

Die »Fischerbastei« liegt beim Hotel Bohemia nordwestlich der Altstadt. Öfters Livemusik.

U Světa 750; Tel. 03 84/72 13 94;
Di–So 18–1 Uhr ●●

SERVICE

Infocentrum

Masarykovo nám. 103; Tel. 03 84/72 11 69; www.trebon-mesto.cz; Mo–Sa 9–17, So 9–12 Uhr

Vimperk/Winterberg und Böhmerwald

S. 116, C 10

5 Kommt man in deutschsprachigen Landen in Festzelten zusammen, so erklingt mit Bestimmtheit irgendwann das »Böhmerwald-Lied« (»Es war im Böhmerwald, wo meine Wiege stand«). Der Gedenkstein für den Liedschöpfer, den Glasmacher Andreas Hartauer, steht noch in Lenora (Eleonorenhain), aber vieles ist nicht mehr, wie es war im größten zusammenhängenden Waldgebirge Mitteleuropas, zu dem genau genommen auch Bayerischer Wald (Nationalpark) und Oberpfälzer Wald gehören. Der Großteil der deutschsprachigen Bevölkerung musste nach Ende des Zweiten Weltkriegs die Region verlassen. Hinter dem Eisernen Vorhang wurden ganze Teile zur menschenleeren Terra incognita. Etliche verlassene Dörfer verfielen oder wurden gesprengt. Kriebaum (Vitěšovice) fiel 1953 sogar den Dreharbeiten für einen Kriegsfilm zum Opfer. So stehen sogenannte Heimwehtouristen heute oft nur noch vor Ruinen oder jüngst errichteten Denkmälern.

Eine großartige Natur- und Kulturlandschaft – von der UNESCO als Biosphärenreservat ausgewiesen – ist das Grenzgebirge mit dem 1991 eingerichteten Nationalpark Šumava aber geblieben, das zwischen Cheb (Eger) und Domažlice Tschechischer Wald (Český les) heißt und südlich von Domažlice bis hinunter nach Österreich Šumava (Böhmerwald) – »šumetí« heißt »rauschen«.

Der Übersichtlichkeit halber sind diesem Kapitel auch die eigentlich nach Westböhmen gehörenden Böhmerwald-Orte zugeordnet.

Ein sehr günstiger Ausgangspunkt für alle Aktivitäten ist **Vimperk** (8200 Einwohner), das 1359 Stadtrechte erhielt und auf dessen einem Bergrücken die große Schlossanlage und auf dem anderen der Stadtplatz liegt.

HOTELS/ANDERE UNTERKÜNFTE

Amber Hotel Anna

Die Namenspatronin, die hl. Anna, ist in Form einer Holzplastik von ca. 1650 im Foyer präsent. Auch sonst hat das Hotel im ehemaligen Mädchenpensionat Stil.

Kaplířova 168; Tel. 03 88/41 20 50, Fax 41 16 94; www.legner.cz; 50 Zimmer und Apartments ●● AmEx VISA

SPAZIERGANG/AUSFLÜGE

Der Weg hinauf zum 1622 bis 1624 nach einem Brand neu erbauten Renaissanceschloss lohnt. Nach einem weiteren Feuer wurde es ab 1857 wieder erbaut (Stadtmuseum, Themen u. a.: Nationalpark, Buchdruck, Glashütten; Mai–Okt. Di–So 9–12 und 13–16 Uhr).

Südlich von Vimperk liegt der 1362 m hohe Berg **Boubín** (21 m hoher Aussichtsturm auf dem Gipfel) mit dem bereits 1858 auf Initiative eines Forstmeisters eingerichteten ersten böhmischen Naturschutzgebiet, dem Boubín-Urwald, mit seinen 300 bis 400 Jahre alten Baumriesen (3,8 km Naturlehrpfad). Information am Parkplatz Boubín Zátoň (Juni–Sept. tgl., sonst Sa/So).

22 km westlich von Vimperk ist **Kvilda** (Aussergefild) Böhmens höchstgelegene Gemeinde (1065 m). Von dort wandert man – der blauen Markierung folgend – ins einstige Niemandsland zur Quelle der Warmen Moldau (Pramen Vltava) im Moor (Naturschutzgebiet; hin und zurück ca. 12 km).

SERVICE

Infocentrum
Nám. Svobody 42; Tel. 03 88/41 18 94; www.mestovimperk.cz, www.boubin.info, www.npsumava.cz, www.sumavanet.cz; Juni–Sept. Mo–Fr 9–11.30 und 12–18, Sa 10–12 und 12.30–16, So 12.30–14, Okt.–Mai Mo–Fr 9–11.30 und 12–16 Uhr

Ziele in der Umgebung

Domažlice/Taus

11 069 Einwohner ⇢ S. 116, B 9

Domažlice, die westböhmische Kreisstadt, besitzt einen sehr schönen Stadtplatz und ist Mittelpunkt des Chodenlandes (Chodsko). Die Choden, ein slawischer Volksstamm, genossen als Grenzwächter Privilegien und Freiheiten. Als sie die verloren, begannen sie 1695 einen Aufstand, der blutig niedergeschlagen wurde. Geblieben sind ihr Dialekt und ihre Bräuche, die Trachten, Lieder und Dudelsackmusik sowie ein Hundskopf im Stadtwappen als Reminiszenz an die wachsamen Begleiter der Grenzer, weshalb Choden auch Hundsköpfe genannt werden (Chodenfest Anfang August → S. 20).
100 km nordwestl. von Vimperk

SERVICE

Infocentrum
Nám. míru 51; www.domazlice.info; Tel. 03 79/72 58 52; Okt.–Mai Mo–Fr 7.30–16, Sa 9–12, Juni–Sept. Mo–Fr 7.30–17, Sa 9–12 und 14–17, So 10–12 und 14–16 Uhr

Klatovy/Klattau

23 000 Einwohner ⇢ S. 116, C 9

Klatovy im nördlichen Böhmerwald, 45 km von der deutschen Grenze entfernt, war ehemals eine der reichsten Städte Böhmens, was sich am historischen Stadtzentrum ablesen lässt.

Wo geht's weiter? Schilder für Wanderer bei Železná Ruda (→ S. 75) im Böhmerwald.

Es ist bekannt für Nelkenzucht (Nelkenschau im Juli), hat etliche Sehenswürdigkeiten, darunter den Weißen Turm (Bílá věž), den Glockenturm der Kirche Mariä Geburt, deren »Klattauer Madonna« Wallfahrtsziel ist (8. Juli). Der spätgotische Černá věž (Schwarzer Turm, 81 m) des Rathauses bietet am Hauptplatz eine schöne Aussicht. In den Katakomben der strahlend weißen barocken Jesuitenkirche sind mumifizierte Mönche bestattet (April und Okt. Sa/So 9–12 und 13–16, Mai–Sept. Di–So 9–12 und 13–17 Uhr).
83 km nordwestl. von Vimperk

HOTELS/ANDERE UNTERKÜNFTE

Wellness Hotel Centrál
Seit 1929 besteht das inzwischen renovierte Hotel. Reservierung wird empfohlen.
Masarykova 300; Tel. 03 76/31 45 71, Fax 31 47 45; www.centralkt.cz; 47 Zimmer ●●● DINERS MASTER VISA

Sehenswertes

Burg Švihov

10 km nördlich von Klatovy ist in Westböhmen eine der wenigen Wasserburgen Tschechiens (1530) zu besichtigen.

www.hradsvihov.cz; April und Okt. Sa/So und Fei 9–12 und 13–15, Mai und Sept. Di–So 9–12 und 13–16, Juni–Aug. 9–12 und 13–17 Uhr; Eintritt: Führung Burg 60 Minuten, 50 Kč (40 Kč), Küche 50 Minuten, 40 Kč (30 Kč), für fremdsprachige Führungen 100% Zuschlag

Burg Velhartice

20 km südöstlich von Klatovy liegt malerisch auf einem Felsen die im Kern gotische Burg von Velhartice (Welhartiz), die teils Ruine ist.

April und Okt. Sa/So und Fei 9–12 und 13–16, Mai und Sept. Di–So 9–12 und 13–17, Juni–Sept. 9–18 Uhr; Eintritt: Führung Burg 50 Minuten, 80 Kč (70 Kč), Schloss 50 Minuten, 70 Kč (60 Kč)

Museen

Barockapotheke

Die »Lékárna ›U bílého jednorožce‹« mit ihrer Einrichtung des 17. Jh. zählt zu den von der UNESCO geschützten Denkmälern.

Nám. miru 149; Mai–Okt. Di–So 9–12 und 13–17 Uhr

Service

Infocentrum

Nám. miru 63/1; Tel. 03 76/34 72 40; www.klatovy.cz; Mai–Sept. tgl. 9–17, sonst Mo–Fr 9–17 Uhr

Prachatice/Prachatitz

11 879 Einwohner ⇢ S. 117, D 10

Eine der schönsten Stadtkulissen des Landes bietet Prachatice unweit des Nationalparks. Der Handelsweg des (unteren) Goldenen Steig, auf dem von Salzburg via Passau nach Prachatice und České Budějovice Salz, Gewürze, Tuchwaren und Südfrüchte gelangten und in der Gegenrichtung Getreide, Glas und Malz, hat den Reichtum der Stadt begründet. Den Transport erledigten bäuerliche Säumer, deren Saumzüge bzw. Karawanen ganze Schiffsladungen verfrachten konnten. Die Stadt erhielt 1381 das Monopol für Salzeinfuhr und -verkauf; um 1550 trafen jede Woche 1200 bis 1300 Maultiere mit dem wichtigen Konservierungsmittel ein. In jenen »goldenen Jahren« manifestierte sich der Bürgerstolz in zahlreichen Renaissancebauten mit Sgraffiti.

Nehmen Sie sich also Zeit für das wunderschöne alte Rathaus im Stil eines italienischen Palazzo (1571), die Jakobskirche (14. Jh.), die bemalten Bürgerhäuser, die Stadtbefestigung samt Písecká brána (Piseker Tor/Unteres Tor, 1527) und den Zwinger Parkán.

Die Prachatitzer Herrlichkeit hatte mit dem protestantischen Ständeaufstand von 1620 ein Ende: Die Stadt, auf Seiten der Rebellen, büßte ihre Privilegien ein, wurde sogar verschenkt und durfte ab 1692 kein bayerisches Salz mehr einführen. Nun kommen statt des Salzes zahlreiche Besucher von Westen.

22 km östl. von Vimperk

Hotels/andere Unterkünfte

Hotel Parkán

Mit Sorgfalt ist das Hotel in einem Gebäude des 14. Jh. an der Stadtmauer und beim Stadtpark restauriert worden.

Vezní 51; Tel./Fax 03 88/31 18 68; www.hotelparkan.cz; 18 Zimmer • CREDIT

Sehenswertes

Volary

Siedler aus der Steiermark und Tirol brachten im 16. Jh. ins 16 km südwestlich von Prachatice gelegene Volary (Wallern) heimatliche Architektur mit. Von den Hochgebirgsbauernhöfen sind noch 13 erhalten. Das Volarské muzeum befasst sich mit Stadtgeschichte, Goldenem Steig und

In der Wasserburg Švihov in der Nähe von Klatovy finden auch Konzerte statt. Die Kapelle der Anlage enthält sehenswerte Fresken.

dem Todesmarsch der KZ-Frauen aus Helmbrechts 1945 (Česká 71; Mai–Sept. Di–So 10–12 und 12.30–17 Uhr).

MUSEEN

Hus-Haus Husinec
5 km nördlich von Prachatice hat das Geburtshaus von Reformator Jan Hus (um 1371–1415) seit 1978 den Status eines nationalen Kulturdenkmals. Das Standbild vor der Kirche wurde 1958 aufgestellt.
Mai–Okt. Di–So 9–12 und 13–16 Uhr

Kulturzentrum Otto Herbert Hajek
2001 eröffnet; Plastiken, Bilder und Zeichnungen des Stuttgarter Künstlers (1927–2005), der in Prachatice das Gymnasium besuchte.
Velke nám. 184; Juni–Sept. Mo–Fr 10–17, Sa/So 10–12 und 13–17 Uhr

Stadtgeschichtliches Museum
An der ausgezeichneten Präsentation zum Goldenen Steig im Stadtmuseum wirkte der Freyunger Archivar mit. Sehenswert die Sammlung der Schießscheiben.
Velké nám. 13; April–Juni, Sept.–Dez. Di–Fr 9–16, Sa/So 10–16, Juli/Aug. Di–So 9–17 Uhr

SERVICE

Infocentrum
Velké nám. 1; Tel. 03 88/31 25 63; www.prachatice.cz; Mo–Fr 8–17 Uhr

Strakonice/Strakonitz

24 000 Einwohner S. 117, D 9

Wäre nicht die Burg samt Museen, könnte man das südböhmische Strakonice ruhigen Gewissens links liegen lassen. Auf der Burg hatten die Johanniter bis 1694 ihren Ordenssitz (Kreuzgang und Kapitelsaal mit Wandmalereien, St. Prokop-Kirche; Mai, Juni, Sept. und Okt. 8–16, Juli/Aug. 9–17 Uhr). Im Neuen Palast (um 1280) befindet sich das Museum des mittleren Otavagebiets. Dort erfährt man allerlei Erstaunliches: Strakoni-

Der Böhmerwald wartet mit einer Fülle von Naturschätzen auf, zum Beispiel der bis zu 40 Meter tiefe Gletschersee Çerné jezero (Schwarzer See).

ce ist Hochburg der Dudelsackpfeifer, die Textilfabrik Fezko belieferte Indonesien, Niger oder Sansibar mit der Kopfbedeckung Fez, und das Werk ČZ produzierte bis in die 70er-Jahre die legendären Motorräder (Mai, Juni, Sept. und Okt. Di–So 8–16, Juli/Aug. Di–So 9–17 Uhr). Etwas für Wassersportler sind Kanutouren auf der Otava (Bootsverleih: www.lodeslavik.com).

28 km nördl. von Vimperk

SERVICE

Infocentrum

Velké nám. 2; Tel. 03 83/70 07 00; www.strakonice.net; Mai–Sept. Mo–Fr 8–18, Sa 9–13, Okt.–April Mo–Fr 8–16 Uhr

Sušice/Schüttenhofen

12 000 Einwohner S. 116, C 9

Das westböhmische Industriestädtchen wird als »Tor zum Böhmerwald« bezeichnet. Es besitzt einen sehenswerten Stadtplatz und in dessen schönstem Bau, einem gotischen Bürgerhaus, ein mit vielen Kostbarkeiten bestücktes Böhmerwald-Museum.

47 km nordwestl. von Vimperk

HOTELS/ANDERE UNTERKÜNFTE

Hotel Gabreta

Im Stadtzentrum liegt diese einfache Unterkunft in einem 300 Jahre alten Gebäude (3 Sterne).

Americká armády 73; Tel. 03 76/52 80 16, Fax 52 33 08; www.hotelgabretasusice.cz; 15 Zimmer

SEHENSWERTES

Burg Rabí

Tschechiens größte gotische Burgruine aus dem 13. Jh. beeindruckt durch ihre gewaltigen Ausmaße (fast 10 000 qm). 1420 und 1421 eroberten die Hussiten die Burg; ihr Führer Jan Žižka von Trocnov verlor dort sein zweites Auge.

www.rabi.cz; April und Okt. Sa/So und Fei 9–12 und 13–15, Mai und Sept. Di–So 9–12 und 13–16, Juni–Aug. 9–12 und 13–17 Uhr; Eintritt beide Führungen 110 Kč (90 Kč), eine Führung 90 Kč (70 Kč)

Museen

Museum Dr. Simon Adler

In Dobrá Voda (Gutwasser), 12 km südwestlich von Sušice bei Hartmanice, wird an den in Auschwitz ermordeten früheren Rabbiner der Hohen Synagoge Prag, Simon Adler (1884–1944), und an die 110 verschwundenen jüdischen Gemeinden im Böhmerwald und in Südwestböhmen erinnert.

Dobrá Voda 5; April–Okt. Di–So 9–12 und 12.30–17, Nov.–März 9–12 und 12.30–16 Uhr

Muzeum Šumavy

Im Böhmerwald-Museum ist eine farbenprächtige Abteilung der 1839 begonnenen Zündholzherstellung gewidmet.

Nám. svobody 40; Di–Sa 9–12 und 12.45–17, So 9–12 Uhr, Glasgalerie Mo–Fr 9–12 und 13–17, Sa 9–12 Uhr

Service

Infocentrum

Nám. svobody 138; Tel. 03 76/52 05 37; www.sumavanet.cz/icsusice; Mo–Fr 9–12 und 13–17, Sa 9–14, Juli/Aug. auch So 9–14 Uhr

Železná Ruda/ Markt Eisenstein

1690 Einwohner ⇢ S. 116, C 10

Der größte Luftkurort des westlichen Böhmerwalds lag als Grenzort – Bayerisch Eisenstein ist nur 2,5 km entfernt – lange »am Ende der Welt«. Die Grenze verlief mitten durch den Bahnhof, der 1953 bis 1991 geschlossen war. Sein Wahrzeichen hat Železná Ruda, von teils über 1300 m hohen Bergen umgeben, in der eigenartigen sechseckigen Barockkirche mit Zwiebelkuppe (1732) und Glockenturm (1777). Der Ort war Zentrum der Glasmacherei; Näheres erfährt man im Muzeum Šumavy, dem Böhmerwald-Museum (Mai–Okt. Di–Sa 9–12 und 12.45–17, So 9–12 Uhr).

8 km vom Ort entfernt liegen **Černé jezero** (Schwarzer See), Tschechiens größter Bergsee, 1008 m hoch, und **Čertovo jezero** (Teufelssee). Es wurde lange erzählt, auf den Seegründen ruhe ein Wehrmachtstross aus der Zeit des Zweiten Weltkrieges. 1964 entdeckte man in beiden Seen dann NS-Dokumente und Sprengstoff. Ab **Špičák** (Spitzberg) verkehrt ein Sessellift (Lanová dráha) zum Pancíř (Panzer; 1214 m).

57 km westl. von Vimperk

Hotels/andere Unterkünfte

OREA Wellness Hotel Horizont

Berghotel in 1100 m Höhe im Wintersportzentrum am Südhang des Pancíř. Hallenbad, Sauna und Balneozentrum. Zimmer der Touristenklasse ohne Bad/Dusche/WC.

Špičák 126; Tel. 03 76/36 51 11, Fax 39 72 03; www.orea.cz/horizont; 90 Zimmer ●● CREDIT

Service

Infocentrum

Javorská 154; Tel. 03 76/39 70 33; www.sumava.net/itcruda; tgl. 8–12.30 und 13.30–18 Uhr

MERIAN-Tipp

7 Tunnelarbeiter-Kapelle

Die kleine Kapelle des hl. Anton und der hl. Barbara am Ortsausgang von Železná Ruda nach Špičák ist den italienischen Arbeitern gewidmet, die beim Bau des mit 1774 m längsten Tunnels der Monarchie durch den Spicak 1874 bis 1877 starben. Kirche und Friedhof hatte man diesen sogenannten Baraben verweigert. Zu sehen sind alte verzierte Totenbretter: Sie ersetzten des Geldmangels wegen den Sarg und wurden später an einem Ort platziert, an dem sich der Verstorbene gerne aufgehalten hatte. ⇢ S. 116, C 10

Mähren

Brnos südliches Flair und das Walachische Freilichtmuseum sind nur zwei der zahlreichen Highlights.

Ein markanter Blickfang in der Silhouette der quirligen mährischen Metropole Brno ist der Dom St. Peter und Paul, der auf dem Berg Petrov emporragt. Die beiden Türme wurden erst im 20. Jahrhundert fertiggestellt.

Tschechiens zweitgrößte Stadt Brno wirkt vital und geschäftig und besitzt – neben eher düsteren Orten wie der Kapuzinergruft und den Kerkern der Festung Špilberk – mit Mies van der Rohes Villa Tugendhat (→ S. 78) eine Weltkulturerbe-Stätte. Weltkulturerbe ist auch das westlicher gelegene Třebíč mit seinem ehemaligen jüdischen Ghetto, dem größten erhaltenen in Europa. Malerisch präsentiert sich das südliche Mähren: so z. B. Lednice samt seinem monumentalen Landschaftspark und Mikulov, ein Kleinod zwischen weißen Jurakalkfelsen und grünen Hügeln. Im Mährischen Karst geht's zu Fuß und per Boot hinab in die Kalkhöhlen (und per Seilbahn wieder bergan!). Und Olomouc mit seinen Kirchen und bischöflichen Palästen braucht den Vergleich mit Salzburg nicht zu scheuen.

Brno/Brünn

→ S. 118, C 14

400 000 Einwohner

Stadtplan → S. 79

Brno war früher ein Zentrum der Textilindustrie. Das Bild der Altstadt bestimmen zwar zahlreiche Kirchen und geistliche sowie Adelspaläste, Brno war aber auch – ab 1918 – ein wichtiges Zentrum moderner europäischer Architektur. Ein Beispiel dafür ist die Villa Tugendhat, der bedeutendste Bau von Ludwig Mies van der Rohe auf dem Kontinent. Brno ist lebendig, Treffpunkt der jungen Szene sind die zahlreichen Cafés, und an schönen Tagen vermittelt die Stadt geradezu südländisches Flair.

6

Hotels/andere Unterkünfte

Best Western Premier Hotel International → S. 79, b 2

Sehr guter Standard, teilweise geräumige Doppelzimmer, zentral gelegen. Restaurants, darunter das viel gelobte Lukullus. Nichtraucherzimmer. Hallenbad, Fitnessclub.

Husova 16; Tel. 05 42/12 21 11, Fax 21 08 43; www.hotelinternational.cz; 262 Zimmer ●●● bis ●●●● CREDIT

OREA Hotel Voroněž 2

→ S. 79, südwestl. a 3

Das gut ausgestattete Haus der Interhotel-Ära liegt beim Messegelände. Das benachbarte Voroněž 1 ist teurer. Beide Hotels: Preisaufschläge bei Messen, Grand Prix etc.

Křížkovského 49; Tel. 05 43/14 20 20, Fax 21 19 66; www.orea.cz/voronez2; 108 Zimmer ●● CREDIT

Spaziergang

Dauer: 2,5 Stunden

Vom Hauptbahnhof (1905) geht's Richtung Altstadt zum Kapucinské nám. mit der Kapuzinergruft als meistbesuchter Attraktion. Den Zelný trh schmücken Parnassbrunnen (1696) und Dreifaltigkeitssäule (1733); die Reduta (1670), ältestes Theater der Stadt, hieß bis 1945 Kammerspiele am Krautmarkt. Am Platzende liegt das Dietrichstein-Palais (17. Jh.), nun Mährisches Landesmuseum, in dem mit der Venus von Vestonice eine der ältesten Keramikarbeiten der Welt gezeigt wird.

Auf einer Anhöhe erhebt sich der St.-Peter-und-Paul-Dom (Turmbesteigung Mo–Sa 12–18, So 11.45–18 Uhr). Die Mittagsglocke läutet hier bereits um 11 Uhr. Im Dreißigjährigen Krieg erklärten nämlich die schwedischen Belagerer, dann abzuziehen, wenn sie Brünn nicht bis zwölf Uhr am folgenden Tag erobern würden – und so läuteten die Bürger die Glocken eben früher. Die Anlage (Denisovy sady) unterhalb des Doms war 1815 der erste öffentliche Park der böhmischen Länder. Am Dominikánské nám. beeindrucken das Neue Rathaus (1585/1776, Zugang zum gotischen Kreuzgang) und St. Michael.

Der »Drache« an der Toreinfahrt des Alten Rathauses (Turmbesteigung) ist tatsächlich ein Krokodil, ein Geschenk türkischer Gesandter von

1608. Und das »Brünner Rad« am Rathaus war 1636 Ergebnis einer gewagten Wette: Innerhalb eines Tages fällte ein Eisgruber Wagnermeister einen Baum, schuf daraus das Rad und rollte es in die Stadt. Das schiefe Rathaus-Ziertürmchen am Hauptportal (1510) wiederum war die Rache von Baumeister Anton Pilgram, der auch am Wiener Stephansdom mitbaute, an seinen knauserigen Auftraggebern.

Der Nám. svobody (Freiheitsplatz) ist Mittelpunkt Brnos mit moderner Architektur: Die Komerční Banka planten 1930 Boheslav Fuchs und Arnost Wiener, das Bat'a-Schuhhaus (Kobližná) entstand zur selben Zeit. In der Česká realisierte Fuchs 1928 auf engstem Raum das Hotel Avion (Nr. 20). Viel fotografiert wird der Wohnpalast »Haus der vier Bengel« (Nám. svobody 10).

Über St. Thomas (1737 barockisiert) erreichen wir die spätgotische Hallenkirche St. Jakob. Das »unehrerbietige Männlein«, das einem dort – Fenster 1. Stock, Südseite zum Platz – das steinerne Hinterteil entgegenstreckt, ist nicht alleine: Ein Fotograf entdeckte vor einigen Jahren, dass ausgerechnet am Kirchturm ein Liebesakt dargestellt wurde.

Auf dem Rückweg werden das Mahenovo divadlo (Mahen-Theater, 1882), erstes europäisches Schauspielhaus mit elektrischem Licht, von Edison persönlich verlegt, das Meniner Tor (1600) und das frühere Ursulinenkloster (Josefská 1) passiert.

MERIAN-Tipp

8 Burg Špilberk

Wo im 13. Jh. hoch über Brünn bereits eine Burg stand, wurden die Gegner der österreichisch-ungarischen Monarchie »im schwersten Kerker des Reiches von Kaiser Joseph II.« in der 1640 ausgebauten Zitadelle gefangen gehalten, so Italiener und Ungarn. Die Ausstellungen sind Burg- und Stadtgeschichte gewidmet. Die Barockkapelle verunstalteten die Nazis zur Kultstätte (Hakenkreuz am Altar). Seit 1967 besteht dort die einzige Dauerausstellung, die dem deutschen antifaschistischen Künstler John Heartfield (1891–1968) gewidmet ist.

www.spilberk.cz; Kasematten: Mai, Juni und Sept. Di–So 9–18, Juli/Aug. tgl. 9–18, Okt.–April Di–So 9–17 Uhr; Eintritt 70 Kč (35 Kč); Aussichtsturm: April und Okt. Sa/So 9–17, Mai–Sept. 9–18 Uhr; Ausstellungen: Mai–Sept. Di–So 9–18, Okt. und April 9–17, Nov.–März Mi–So 10–17 Uhr; Eintritt 120 Kč (60 Kč) → S. 79, a 2

SEHENSWERTES

Kapuzinergruft → S. 79, b 3

Interessant ist vor allem die Krypta mit 50 Mumien von Mönchen und Wohltätern. Im Glassarg ruht dort Oberst Franz Freiherr von der Trenck, 1711–1749, samt seinen Panduren (Leibwächtern) als Freischärler gefürchtet. Er starb im Kerker von Spielberg.

Kapucínské nám. 5; www.volny.cz; Mitte März–April, Okt.–Mitte Dez. Di–Sa 9–12 und 14–16.30, So 11–11.45 und 14–16.30 Uhr, Mai–Sept. auch Mo

Villa Tugendhat in Brno → S. 79, nordöstl. c 1

Ludwig Mies van der Rohe (1886–1969), der letzte Bauhaus-Direktor, entwarf den Privatbau, der zum UNESCO-Weltkulturerbe zählt, für das jüdische Textilfabrikanten-Ehepaar Fritz und Grete Tugendhat. Mies wie auch seine Auftraggeber mussten in der NS-Zeit emigrieren.

Voraussichtlich wegen Renovierungsarbeiten bis Sept. 2009 geschlossen. Cernopolní 45; Straßenbahnen 3, 5, 11 bis Detská nemonice, ab dort 15 Minuten zu Fuß; www.tugendhat-villa.cz; Mi–So 10–18 Uhr, stündlich Führungen (letzte um 17.15 Uhr); Eintritt 120 Kč (60 Kč), Familien 240 Kč

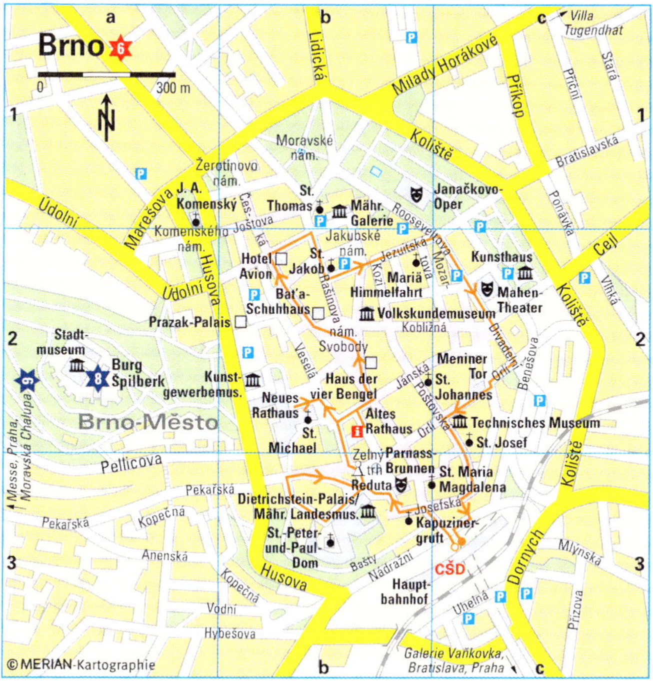

Essen und Trinken

Restaurant Plzeňka → S. 79, b 2
Mit böhmischer Küche wird man im Hotel Best Western International verwöhnt.
Husova 16; tgl. 11–22.30 Uhr ●●

Barunka → S. 79, b 2
Schon der Blick auf die Auslagen des Sandwichbuffets macht Riesenappetit!
Běhounská 20 (hinter der Jakobskirche); Mo–Fr 7–19, Sa 7–12 Uhr ●

Verkehr

Von Mai–Okt. verkehrt ab Benešova zastávka tgl. 10–17 Uhr eine Kleinbahn durch die Stadt und hält auch auf Burg Špilberk (www.vlacekbrno.cz).

Vom Flughafen Brno sind es 8 km ins Zentrum; eine Fahrt nach Prag dauert mit der Bahn 3 Stunden.

Service

Infocentrum → S. 79, b 2
Über Veranstaltungen informiert das Wochenmagazin »Metro«.
Radnická 8; Tel. 05 42/21 10 90, Fax 42 39 60; www.ticbrno.cz; Mo–Fr 8–18, Sa/So und Fei 9–17.30

MERIAN-Tipp

9 Moravská Chalupa

Brnos »Mährische Hütte« bei den Voroněž-Hotels ist eine Institution, weil man hier ausgezeichnete mährische Spezialitäten genießen kann.

Křížkovského 47; Tel. 05 43/14 31 00; Biergaststätte mit Terrasse tgl. 11–24 Uhr ●●, Weinstube/St.-Urban-Restaurant Mo–Sa 9–1 Uhr ●●●

→ S. 79, südwestl. a 3

Ziele in der Umgebung

Blansko/Blanz S. 118, C 13

Nördlich von Brno liegt das viel besuchte Naturschutzgebiet **Moravský kras** (Mährischer Karst), mit 100 qkm eines der bedeutendsten mitteleuropäischen Karstgebiete. Zentralparkplatz und Infocentrum in **Skalní mlýn** (www.moravskykras.net; April–Sept. Busverkehr dorthin ab Busbahnhof bei der Bahnstation Blansko 7.40, 9.35, 11.40 Uhr), von dort zu Fuß (1 km) oder mit der Kleinbahn zu den **Punkva-Höhlen** (Punkevní jeskyně) mit den schönsten Tropfsteinverzierungen im Karst. Man wandert durch die Kalkhöhlen bis in die tiefe Macocha-Schlucht und fährt im Motorboot unterirdisch in die große Höhle »Masaryk-Dom« (Jan.–März, Okt.–Dez. Di–So 8.40–14, April–Juni, Sept. Mo 10–15.50, Di–So 8.20–15.50, Juli/Aug. Mo 10–17, Di–So 8.20–17 Uhr; Eintritt 150 Kč, erm. 70 Kč mit, 80 Kč, erm. 40 Kč ohne Bootsfahrt). Im Sommer muss man sich mindestens eine Woche vorher anmelden: Tel. 0516/418602; www.cavemk.cz; Karten 40 Minuten vor dem Termin abholen.

Zum Aussichtspunkt über der fast 140 m tiefen Macocha-Schlucht verkehrt eine Kabinenseilbahn (Kombikarte auch für Kleinbahn 90 Kč). Eine weitere riesige Tropfsteinhöhle ist die **Kateřinská jeskyně** (Katharinenhöhle): März und Nov. Di–So 10, 12, 14 (jeweils Beginn der Führungen), April 8.20–16, Mai–Sept. tgl. 8.20–16, Okt. Di–So 8.20–14 Uhr; Eintritt 60 Kč (30). In den Höhlen liegt die Temperatur bei acht Grad.

30 km nördl. von Brno

Boskovice/Boskowitz

13 500 Einwohner S. 118, C 13

Die Kleinstadt besitzt ein schönes Empireschloss (www.zamekboskovice.cz; Mai–Sept. Di–So 9–17 Uhr; Eintritt 65 Kč, erm. 40 Kč, Familien 170 Kč) und eine Burgruine (www.hradboskovice.cz; April und Okt. Sa/So 10–16, Mai und Sept. Di–So 10–17, Juni–Aug. tgl. 9–18 Uhr).

Über 1000 Höhlen soll es im einmaligen Naturraum Moravský Kras geben, viele davon kann man nur per Boot erkunden.

Das Wesentliche an Boskovice aber ist seine Vergangenheit als jüdische Gemeinde, die seit 1343 existierte. Durch das einstige Ghetto führt ein Lehrpfad mit 27 Stationen. Seit 2002 kann die Synagoge aus dem 17. Jh. mit hebräischen Wandschriften besichtigt werden (Traplova ul.; April und Okt. Sa/So 13–17, Juni–Aug. Di–Fr 9–17, Sa/So 13–17 Uhr). Der jüdische Friedhof bei der Bílkova (Ortsausgang, hinter dem Neubaugebiet) ist einer der größten im Land (Mo–Fr, So).

Infocentrum: Masarykovo nám. 1 (Mo–Sa 9–18, So 10–18 Uhr). Auf der Website www.boskovice.cz kann man eine virtuelle Tour durch die Sehenswürdigkeiten unternehmen.

25 km nördl. von Brno

Lednice/Eisgrub

2800 Einwohner S. 118, C 14

Berühmt ist Lednice wegen des frei zugänglichen riesigen Landschaftsparks, der sich bis hinüber zum kleinen Winzerort Valtice (→ S. 82) erstreckt und seit 1996 zum UNESCO-Weltkulturerbe zählt. In einem der beeindruckendsten europäischen Schlossparks stehen Schlösschen und Tempel, ein Triumphbogen namens Rendezvous und sogar ein Minarett von 1802 (April und Okt. tgl. 9–15.30, Mai–Sept. 9–17.30 Uhr). Weil die Gemeinde keinen Baugrund für eine Kirche der Liechtensteiner Herrscher zur Verfügung stellen wollte, sollte eine Moschee erbaut werden.

58 km südl. von Brno

Hotels/andere Unterkünfte

My Hotel

Der Neubau mit Nichtraucheretage besitzt helle, geräumige Zimmer, 21 davon mit Balkon.

21. dubna 657; Tel. 05 19/34 01 30, Fax 34 01 66; www.myhotel.cz; 45 Zimmer, 3 Apartments ●● CREDIT

Sehenswertes

Schloss

Zu dem Komplex gehören Reithalle (1690, entworfen von Fischer von Erlach) und Palmenhaus (1845).

April und Okt. Sa/So 9–16, Mai–Sept. Di–So 9–18 Uhr; Eintritt je nach Führung 130 Kč (40 Kč) oder 150 Kč (50 Kč)

Service

Infocentrum

Zámecké nám. 68; Tel. 05 19/34 09 86; www.lednice.cz; Juni–Sept. Mo–Fr 8–17, Sa/So 9–17 Uhr

Mikulov/Nikolsburg

7664 Einwohner S. 118, C 14

Nur wenige Kilometer von der österreichischen Grenze entfernt, fasziniert Mikulov mit malerischem Stadtbild, grüner Umgebung, weißen Jurakalkfelsen, dem beherrschenden Barockschloss und Bauzeugen des jüdischen Ghettos. Vom Wallfahrtsberg Svatý Kopeček genießt man die Aussicht ins Nachbarland. Um das Städtchen erstreckt sich das Naturschutzgebiet Pálava, Biosphärenreservat der UNESCO.

Zum 1945 von deutschen Truppen in Brand gesetzten und bis 1961 wiedererbauten Schloss gehört u. a. ein Weinbaumuseum, dessen Riesenfass von 1643 das berühmte Heidelberger Fass übertrifft (April–Okt. Di–So 9–16, Mai–Sept. 8–17 Uhr).

Den Hauptplatz schmücken St.-Anna-Kirche (17.–19. Jh.) und Dreifaltigkeitssäule (1723). An der Ostseite kann seit 2001 wieder die Dietrichsteiner Gruft besichtigt werden.

Nach Prag besaß Mikulov um 1850 mit fast 3700 Mitgliedern die größte jüdische Gemeinde auf dem Gebiet des heutigen Tschechien. Durch das ehemalige jüdische Viertel um die Husova ul. führt ein Lehrpfad mit 13 Stationen (Horní Synagoga von 1723; 15. Mai–Sept. Di–So 10–17 Uhr). Rabbiner in dem Ort war der später berühmte Prager Rabbi Löw (ca. 1511–1609), der den Golem, einen künstlichen Menschen aus Ton, geschaffen haben soll. Der jüdische Friedhof zählt etwa 4000 Grabsteine (Mo–Fr, So).

50 km südl. von Brno

Třebíč/Trebitsch

40 000 Einwohner S. 118, A 14

8 Das größte erhaltene jüdische Ghetto in Europa und die teilweise romanische Basilika waren für die UNESCO Anlass genug, die Stadt ins Weltkulturerbe aufzunehmen.

62 km westl. von Brno

Sehenswertes

Basilika des hl. Prokop

Mit dem ehemaligen Benediktinerkloster (1101), später Schloss, entstand in der 1. Hälfte des 13. Jh. die romanische Kirche auf der Anhöhe. Sehenswert: das Portal an der Nordseite und die Krypta.

Zamek 1; Sept.–Mai Di–Fr 9–12 und 13–17, Sa–Mo 13–17, Juni–Aug. Mo 13–17, Di–Fr 9–12 und 13–17, Sa/So 13–18 Uhr; Führungen jede volle Stunde

Jüdisches Ghetto

In das Quartier, für das dunkle gewölbte, öffentliche Durchgänge und kleine Winkel typisch sind, gelangt man vom großen Karlovo nám. durch das Haus Nr. 11 und über die Brücke. Noch 1975 gab es Pläne für einen Totalabriss des Viertels, wogegen sich Architekten wandten. Dank 1143 Millionen $ aus einem Programm der US-Regierung und 3 Millionen $ des Třebíč-Fonds konnten nach der Wende umfangreiche Renovierungen beginnen.

Das frühere Ghetto auf engem Raum zwischen dem Fluss Jihlava und den Hrádek-Felsen zählte Anfang des 19. Jh. 1170 Bewohner. In der NS-Zeit wurde die jüdische Gemeinde ausgelöscht. In der Hinteren Synagoge (Neuschul, 1669) befindet sich ein Modell des Ghettos von 1850 (tgl. 10–12 und 13–17 Uhr; deutscher Kommentar). Die Vordere Synagoge (Altschul, 1639) dient heute als hussitische Kirche (tgl. 11, 14, 16 Uhr öffnet der Küster für etwa 20 Minuten die Kirche und gibt einige Informationen zur Geschichte). An Audiostationen kann man Infos zu den einzelnen Gebäuden abrufen. Auf dem Berg über dem Viertel liegt der jüdische Friedhof (Židovská čtvrt'; Mo–Fr, So).

Service

Infocentrum

Karlovy nám. 53; Tel. 05 68/84 70 70; www.kviztrebic.cz; Nov.–März Mo–Fr 9–12 und 13–17, Sa 9–13, April–Juni, Sept. und Okt. Mo–Fr 9–12 und 13–18, Sa 9–13, Juli/Aug. Mo–Fr 9–12 und 13–18, Sa/So 9–12 und 13–17 Uhr

Valtice/Feldsberg

3000 Einwohner S. 118. C 14

Am anderen Ende des riesigen Landschaftsparks (→ Lednice, S. 81) steht im Weinort Valtice ein weiteres Liechtensteiner-Schloss (April und Okt. Sa/So 9–17, Mai–Sept. Di–So 9–17 Uhr) mit schönem Park. Mitte Mai findet im Ort ein Weinmarkt statt.

63 km südl. von Brno

Hotels/andere Unterkünfte

Hotel Apollon

Aus der villenartigen früheren Kinderklinik wurde 1995 nach der Rückgabe an die Besitzer ein sehr gut geführtes Hotel.

Petra Bezruče 720; Tel. 05 19/35 26 25, Fax 35 20 09; 21 Zimmer ●●

DINERS MASTER VISA

Einkaufen

Národní salon vín

Weinsalon des Nationalen Weinbauzentrums Valtice; Verkostung und Verkauf.

Zamek 1; April–Okt. Di–So 9.30–17, Nov.–März Di–Sa 9–17 Uhr; Eintritt frei

SERVICE

Infocentrum

Nám. svobody 4; Tel. 05 19/35 29 78; www.radnice-valtice.cz; April–Sept. tgl. 9–12.30 und 13–17, Okt.–März Mo–Fr 7–11.30 und 12–15.30 Uhr

Zlín/Zlin S. 119, D 13

80 000 Einwohner

Ex-Schuhmachergeselle Tomás Bat'a (1876–1932) begründete Zlíns Ruf als »Schuh-Welthauptstadt«, indem er, später auch vom Fließband, leichte und billige Leinenschuhe produzieren ließ. Dank der Architektur im Bauhausstil gilt Zlín als Ikone der Moderne. Zlín ist Bahnstation, ab Brno und Olomouc fahren Busse hin.

100 km östl. von Brno

HOTELS/ANDERE UNTERKÜNFTE

Interhotel Moskva

Das ehemalige Bat'a-Werkshotel von 1932 dient trotz 80 Twin-, 20 Doppelzimmern und 5 Suiten nicht ausschließlich dem Übernachten: sechs Restaurants, drei Bars – und Büros. Kein bewachter Parkplatz.

Nám. Práce 2512; Tel. 05 77/56 11 11, Fax 56 01 11; www.moskva-zlin.cz; 140 Zimmer (DZ 1400 Kč) ●●●

EINKAUFEN

Destillery Land

Rudolf Jelinek produziert seit 1894 Slibowitz, Borovicka (Wacholdergeist) und anderes.

In Vizovice (15 km östl. von Zlín), Razov 472; www.rjelinek.cz; Mo–Fr 6–18, Sa 7–12.30 Uhr; Führung 90 Minuten; Verkauf ab Fabrik

SERVICE

Infocentrum

Nám. miru 12; Tel. 05 77/63 02 71; www.mestozlin.cz; Mo und Mi 8–17, Di und Do 8–16, Fr 8–15 Uhr

An das reiche jüdische Leben in Třebíč erinnern nur noch die Gässchen des Ghettos.

Znojmo/Znaim S. 118, B 14

39 000 Einwohner

In schöner Lage über der Dyje (Thaya) wird Znojmo von Kirchtürmen und seinem Wahrzeichen, dem 79,5 m hohen Turm aus dem Jahr 1448, überragt (Mai–Sept. Mo–Fr 9.30–12.30 und 13–17, Sa 10–12.30 und 13–15.30. Okt.–April Mo–Fr 9–12.30 und 13–17 Uhr). Katakomben ab Slepičí trh 2 zuganglich (April und Okt. Mo–Sa 10–16, Mai/Juni, Sept. tgl. 9–16, Juli/Aug. tgl. 9–17 Uhr).

Znojmo besitzt ein nationales Kulturdenkmal, die Rotunda Sv. Kateřiny (Rotunde der hl. Katharina) der ehemals gotischen Burg, mit den ältesten Fresken des Landes versehen (1134), die weltliche und geistliche Szenen zeigen (Hradní 1; April Sa/So, Mai–Sept. Di–So, je nach Temperatur; Eintritt 90 Kč).

67 km südwestl. von Brno

Service

Infocentrum

Obroková 10; Tel./Fax 05 15/22 25 52; www.znojmo.eu/de; Mai–Sept. Mo–Sa 9–13 und 13.30–17, Okt.–April Mo–Fr 9–13 und 13.30–17, Sa 8–12.30 Uhr

Olomouc/Olmütz

104 000 Einwohner → S. 119, D 13
Stadtplan → S. 85

Der Papst war da, Kaiser und Kaiserin ebenfalls: Das lebhafte Olomouc besitzt als Hauptstadt Mittelmährens, ehemalige Festung und geistliches Zentrum eine reiche Historie. Vor allem prächtige Kirchenbauten, meist entstanden nach den schweren Zerstörungen durch die schwedische Besatzung im Dreißigjährigen Krieg, legen davon im nach Prag größten städtischen Denkmalschutzgebiet Tschechiens Zeugnis ab.

Während der Revolution 1848 zog der Wiener Kaiserhof ins heimelige Olmütz um, wo in der Erzbischöflichen Residenz Kaiser Ferdinand die Krone an seinen 18-jährigen Neffen Franz Joseph übergab. Olomouc ist Universitätsstadt und strahlt im Zentrum viel urbanes Flair aus. Bekannt wurde es auch durch den Handkäse Olomoucké tvarůžky (Olmützer Quargel).

Gemütlich ist das Café Mahler am Horní nám.; der Komponist debütierte in Olomouc als Dirigent.

Hotels/andere Unterkünfte

Hotel Gemo → S. 85, a 2

Modern und nach ökologischen Gesichtspunkten eingerichtet, am Rande der Altstadt.

Pavelčákova 22; Tel. 05 85/22 21 15, Fax 23 17 30; www.hotel-gemo.cz; 33 Zimmer ●●● CREDIT

Hotel Lafayette

→ S. 85, südl. b 3

Nahe der Altstadt befindet sich das geschmackvoll eingerichtete Haus. Überwiegend Nichtraucherzimmer. Ein Hund kostet pro Nacht 9 €.

Alšova 8; Tel. 05 85/43 66 00, Fax 43 64 07; www.lafayette.cz; 17 Zimmer ●● CREDIT

Spaziergang

Dauer: 2 Stunden

Inmitten des Horní nám. (Oberring) steht das 1904 neugotisch umgebaute Rathaus (Infocentrum), dessen astronomische Uhr samt Zwölf-Uhr-Glockenspiel nach den Zerstörungen durch die abziehende deutsche Wehrmacht bis 1955 im Stil des sozialistischen Realismus wiederhergestellt wurde (Rathausturm-Besteigungen ab Infocentrum tgl. 11 und 15 Uhr). Den Stadtplatz mit schönen Bürgerpalais schmücken Herkulesbrunnen (1687), Caesarbrunnen (1725), der moderne Arionbrunnen (2002) und die Dreifaltigkeitssäule (1754), die als größte Pestsäule Tschechiens seit 2001 zum UNESCO-Weltkulturerbe gehört und ehemals im Beisein von Kaiserin Maria Theresia eingeweiht wurde.

Den Dolní nám. (Niederring) zieren in der »Szenografie des Barocktheaters« Kapuzinerkirche, Neptunbrunnen (1683), Jupiterbrunnen (1735) und Mariensäule (1726).

Am Žerotínovo nám. befinden sich weitere Komplexe der katholischen Kirche, darunter Alte Universität und St. Michael mit Dominikanerkloster samt Kreuzgang (1698, Aussicht vom Turm). Die 1912 neu erbaute Sarkanderkapelle erinnert an den von Protestanten 1620 ermordeten katholischen Pfarrer Johann Sarkander, 1995 durch Papst Johannes Paul II. heiliggesprochen.

An der Hauptgeschäftsstraße Denisova liegen Heimatkundemuseum (Nám. Republiky 5; April–Sept. Di–So 9–18, Okt.–März Mi–So 10–17 Uhr), Barockkirche Marie Sněžná (Maria Schnee) und das kaisergelbe Jesuitenkolleg; die Jesuiten sind 1989 zurückgekehrt. Um den Biskupské nám. gruppieren sich Erzbischöfliche Residenz (1685), wo Kaiser Ferdinand wie erwähnt 1848 im großen Saal die Krone weitergab (Nr. 562, Gedenktafel), und Theresienzeughaus (1778).

Das stille »Domviertel« am Václavské nám. dominiert der monumentale neugotische Wenzelsdom (Gruft, Krypta, Ausstellung Mai–Okt. Mo–Mi, Fr 9–17, Do 9–16, So 11–17 Uhr). In das 2006 neu eröffnete Kunstmuseum der Erzdiözese (»1000 Jahre geistliche Kultur in Mähren«) wurden die 1867 entdeckten Überreste des Přemysliden-Palastes aus der Mitte des 12. Jh. integriert (Di–So 10–18 Uhr; Mi und So Eintritt frei).

Auf dem Rückweg sollte man die gotische Kirche Sv. Mořic (St. Mauritius) mit Tschechiens größter Barockorgel von 1745, die zahlreiche kleine Engel schmücken, besuchen.

Essen und Trinken

Moravská Restaurant ⟶ S. 85, a 2
Mährische Spezialitäten werden in der schön dekorierten Gaststube serviert; Sommerterrasse am Platz.
Horní nám. 23; tgl. 11.30–23 Uhr ●●

Verkehr

Die Olomouc Card gilt für über 111 Touristenattraktionen von Stadt und Region (www.olomoucregioncard.cz; 2 Tage 160 Kč, 5 Tage 340 Kč).

Ins Zentrum verkehren ab Hauptbahnhof die Straßenbahnen 1, 2, 5, 6.

Service

Infocentrum ⟶ S. 85, a 2
Horní nám. (Rathaus);
Tel. 05 85/51 33 85, Fax 5 22 08 43;
www.olomouc-tourism.cz,
www.olomoucko.cz; März–Nov. tgl. 9–19, Dez.–Feb. tgl. 9–17 Uhr

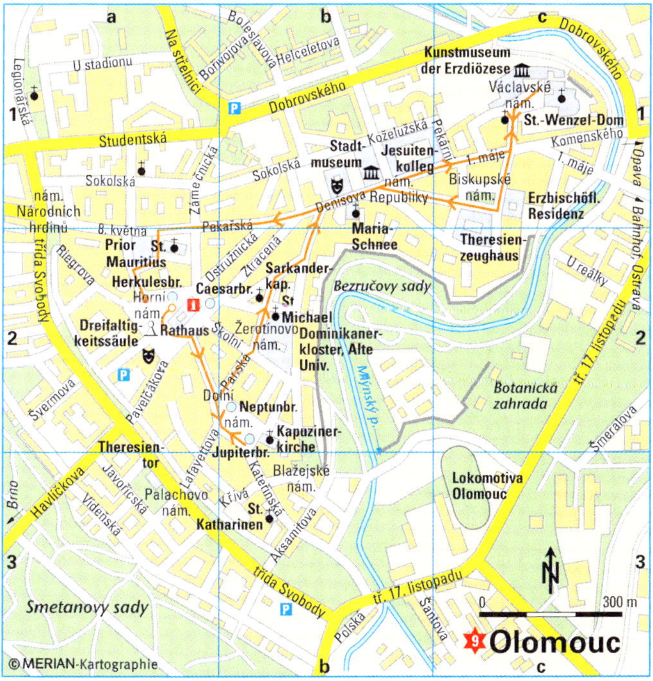

Ziel in der Umgebung

Bouzov/Busau S. 114, C 8

Dieses weitläufige Anwesen, das im 14. Jh. gegründet wurde, war von 10 1619 bis 1938 im Besitz des Deutschen Ritterordens. 1895 bis 1910 inszenierte der Münchner Rathausbaumeister Georg Hauberrißer in Bouzov »eine mittelalterliche Fantasie« – man muss das gesehen haben! 1939 beschlagnahmten die Nazis den Besitz für die SS-Forstverwaltung, nachdem SS-Reichsführer Himmler das ihm von Hitler zugedachte Geschenk ausgeschlagen hatte. Gedreht wurde auf der Burg in den 90er-Jahren u. a. die Filmreihe »Prinzessin Fantaghiro«.

April und Okt. Sa/So und Fei 9–15, Mai und Sept. Di–So 9–16, Juni–Aug. 9–18 Uhr; Eintritt 100 Kč (50 Kč)
32 km nordwestl. von Olomouc

Opava/Troppau

61 050 Einwohner S. 115, E 8

Opava war Hauptstadt des habsburgischen Schlesien, bis 1742 Preußenkönig Friedrich II. dessen Großteil »kassierte« – zum Leidwesen von Maria Theresia: »Den Zaun hat er mir gelassen, den Garten aber genommen.« Doch auch als Landeshauptstadt des österreichischen (Rest-) Schlesien behielt die »weiße Stadt« Ausstrahlung dank Barock- und Regierungsbauten und Promenadengürtel, dem »Ring« – ein Klein-Wien eben. Im April 1945 erklärten die Deutschen Opava zur Festung: 3238 Rotarmisten und eine unbekannte Zahl Deutscher kamen ums Leben; über 4700 Gebäude wurden zerstört oder beschädigt. Dennoch hat Opava heute wieder Charme.

Das waldreiche Beskydy südwestlich der Stadt ist eines von Tschechiens bedeutendsten Urlaubsgebieten mit Höhepunkten wie Lysá hora (1323 m) samt TV-Turm und Radhošť (1129 m) mit Cyrill-und-Method-Holzkapelle und der Statue von Berggott Radegast.

Hotels/andere Unterkünfte

Hotel Koruna

Das erste Haus am Platz, Drei-Sterne-Kategorie, im Zentrum. Bitte beachten: Die renovierten Zimmer gehören zur Business-Klasse.

Nám. Republiky 17; Tel. 05 53/62 11 32, Fax 62 19 00; www.hotelkoruna.cz;

Die Gebäude im Holzstädtchen des Freilichtmuseums in Rožnov pod Radhoštěm wurden aus verschiedenen Orten hierher gebracht und so vor dem Verfall bewahrt.

57 Zimmer (28 DZ, 22 EZ) und 7 Apartments ● bis ●● CREDIT

SERVICE

Infocentrum

Horní nám. 67; Tel. 05 53/75 61 43; www.opava-city.cz, www.infocentrum.opava.cz
Mo–Fr 8–18, Sa 8–11 Uhr

Ziele in der Umgebung

Beskydy/Beskiden

S. 119, E 13

Nicht nur Rumänien, auch Nordmähren hat seine »Walachei« (Valašsko): Im Gebirge Beskydy ließen sich im 16./17. Jh. Neusiedler nieder, die innerhalb von 300 Jahren etappenweise den Weg von Rumänien via Karpaten zurückgelegt hatten und in der neuen Heimat eine eigene bemerkenswerte Volkskultur schufen.

Zum Gipfel **Radhošť'** gelangt man vom Bergsattel Pustevny (1018 m) mit den folkloristischen Holzhäusern (hin und zurück 1 Stunde).

Beskydys Vorland bietet ebenfalls attraktive Ziele. Ein besonders hübscher Ort ist **Štramberk** (3380 Einwohner), wo der Burgturm Trúba (= Rohr) aufragt (Di–So 10–16 Uhr) und walachische Holzhäuser erhalten blieben. Kosten Sie unbedingt die Štramberker Uhren mit Marzipangeschmack – eine makabre Reminiszenz, denn im 15. Jh. schnitt man feindlichen Tataren die Ohren als Trophäe ab (Heimatmuseum Štramberk: April–Sept. Di–So 9–12 und 12.30–17, Okt.–März bis 16 Uhr).

Kopřivnice (Nesselsdorf) ist der Geburtsort der Lauflegende Emil Zátopek, vor allem aber »realsozialistische Stadt« der Tatra-Autowerke (→ Familientipps, S. 25). Im Museum von **Příbor** (Freiberg), Lidická 50, erinnert ein Saal an den in der Stadt geborenen Begründer der Psychoanalyse, Sigmund Freud (Di, Do 8–12 und 13–16, So 9–12 Uhr). In seinem Geburtshaus wurde 2006 eine Gedenkstätte eröffnet (Zámečnická 117; Saison Di–So 9–17, sonst 9–16 Uhr).
75 km südwestl. von Opava

HOTELS/ANDERE UNTERKÜNFTE

Hotel Tanečnica

Historisches, 1926 eröffnetes Berghotel in 1018 m Höhe auf einem Beskiden-Sattel. Sessellift ab Trojanovice. Wander- und Wintersportzentrum, Hallenbad und Sauna. Reservierung mindestens einen Monat zuvor; Anzahlung 75 % des Übernachtungspreises. Hund: 300 Kč pro Tag.
Horní Bečva-Pustevny; Tel. 05 56/8 35 34 14, Fax 83 62 06; www.tanecnica.cz; 45 Zimmer ●

MUSEEN

Walachisches Freilichtmuseum

Neben der Landschaft sind die Freilichtmuseen von Rožnov pod Radhoštěm (Rozschnau am Radhoscht) die Attraktion von Beskydy: das Holzstädtchen mit Kirche Sv. Anna, Vogtei, Gasthaus u. a., das walachische Dorf mit Alm- und Sennhütten, Feldern, Obstbäumen und Bienenstöcken und das Mühlental mit Wasser- und Walkmühle (noch in Betrieb). Das schönste Freilichtmuseum des Landes, in dem alte Handwerke demonstriert werden, wurde 1925 eröffnet.

MERIAN-Tipp

10 Gasthaus »Zum letzten Groschen«

In diesem Restaurant (Na posledním groši) im Holzstädtchen des Freilichtmuseums von Rožnov pod Radhoštěm werden walachische Spezialitäten aufgetragen. Wenn man Glück hat, spielt die Museumskapelle (empfehlenswert die CD mit Cymbalmusik des Ensembles Polajka). ●

S. 119, E 13

Ostrava ist inzwischen kein industrielles Zentrum mehr. Melancholische Monumente wie das stillgelegte Stahlwerk Vitkovice erinnern an diese Zeit.

www.vmp.cz; Holzstädtchen: 1. Jan. 12–16, 2. Jan.–April Di–So 9–16, Mai/Juni und Aug./Sept. tgl. 9–17, Juli 9–18, Okt.–Anfang Nov. Di–So 9–16, 15./16. Dez. und 27.–31. Dez. 9–16, 22./23. Dez. 15–18, 26. Dez. 12–18 Uhr; walachisches Dorf: Mai/Juni und Aug./Sept. tgl. 9–17, Juli tgl. 9–18, 6./7. Dez. und 10.–14. Dez. tgl. 8–16 Uhr; Mühlental: Mai–Sept. tgl.; Eintritt für alle Museen 120 Kč (60 Kč), Familien 240 Kč

Fulnek

⟶ S. 115, E 8

6020 Einwohner

Prachtkulisse am Stadtplatz: zwei Schlösser, Kirche, Rathaus, Bürgerhäuser und die Gedenkstätte für den Theologen und Pädagogen Johann Comenius (1592–1670). Infocentrum: Masarykova 49; www.fulnek.cz; Mo 8–12.30 und 13–17.30, Di/Mi und Fr 8–12.30 und 13–17, Do 8–12.30 und 13–15.30, Sa 8–12 Uhr.
28 km südl. von Opava

Hradec nad Moravicí/Grätz

⟶ S. 115, E 8

5000 Einwohner

Auf dem Bergrücken thronen in Hradec Weißes Schloss, Weißer Turm und Rotes Schloss: eine majestätische Anlage, in der Beethoven, Liszt und Paganini zu Gast waren (Mai–Sept. Di–So, April und Okt. Sa/So). Infocentrum: Opavská 265; im Sommer tgl., sonst Di–Fr, Mittagspause 12–13 Uhr.
10 km südl. von Opava

Hrubý Jeseník (Altvatergebirge)/ Jeseníky (Gesenke)

⟶ S. 114, C 8/S. 115, D 8

Hrubý Jeseník bzw. Jeseníky, das zweitgrößte Gebirge Tschechiens, ist bis jetzt noch sehr wenigen Besuchern ein Begriff.

Šumperk (Mährisch Schönberg) mit seinen 30 000 Einwohnern ist ein guter Ausgangspunkt für Touren (Infocentrum: Hlavní tř. 22; www.infosumperk.cz). Vor seinen Toren liegt das Schwefel- und Thermalbad **Velké Losiny** (Groß Ullersdorf), dessen Kureinrichtungen im weitläufigen Park verstreut sind (www.lvl.cz). Sehenswert sind das Renaissanceschloss mit Arkadenhof und die einzige Papiermanufaktur Tschechiens, 1596 gegründet und damit ältester derartiger Betrieb in Mitteleuropa. Ein Abstecher von der 44 führt nach **Maršíkov** mit der Holzkirche (1609) am Ortsende. Der Pass **Červenohorské sedlo** (1013 m) ist Touristik- und Wintersportzentrum; von dort geht es hinab nach **Jeseník** (Freiwaldau), über dem das Heilbad **Priessnitzovy Lécebné Lázně** (Gräfenberg) in 640 m Höhe am Hang liegt (www.priessnitz.cz). Vincenz Priessnitz (1799–1851) gründete dort 1822 die erste Wasserheilanstalt der Welt.

Wer zum **Praděd** (Altvater, 1492 m) mit dem TV-Turm (Aussicht) von 1983 samt Gaststätte und dem rauesten Klima Mährens – Jahresdurchschnitt 0,9 °C – möchte, der fährt 10 km vor Jeseník in Bélá pod Pradědem auf die 450 bis zum Parkplatz Hvězda (Winter 100 Kč Gebühr) bei Karlova Studánka und wandert von dort zum Gipfel (wohin aber auch ein Shuttlebus verkehrt).

Reist man ab Jeseník auf der 369, erreicht man den Pass **Ramzovské sedlo** (759 m; Sessellift zum Keprník in 1422 m) und **Branná** (Goldenstein) in beeindruckender Lage.

64 km westl. von Opava

Hotels/andere Unterkünfte

Hotel Červenohorské sedlo

Ein Berghotel auf dem gleichnamigen Pass, das einfache Zimmer anbietet.

Domašov u Jeseníku; Tel. 05 83/29 51 01, Fax 29 51 06; www.hotel-cervenohorskesedlo.cz; 85 Zimmer ●●● ✉

Ostrava/Ostrau

330 000 Einwohner ⇢ S. 115, E 8

Wer auch immer rät, einen großen Bogen um das frühere Industriegebiet und Tschechiens drittgrößte Stadt zu machen: Er hat unrecht. Das »Stahlherz der Republik«, in dem der Bergbau 1994 aufgegeben wurde, wird derzeit zum Dienstleistungszentrum umstrukturiert. Obwohl Ostrava von Zerstörungen durch Industrialisierung und Krieg gezeichnet ist, gibt es Sehenswertes: das Alte Rathaus (16. Jh.) mit Stadtmuseum, den Dom St. Wenzel am Šrámek nám., Bauten aus der Blütezeit um 1900 oder aus den 20er-Jahren das Rathaus (1929) mit Aussichtsturm am Prokešovo nám (tgl. 9–19, Winter 9–17 Uhr). Und wer eine Schwäche für die besondere, leicht traurige Ausstrahlung von vor sich hin dämmernden Industriedenkmälern hat, dessen Herz wird in Ostrava zweifellos höherschlagen. Das Bergbaumuseum (Hornické muzeum) liegt im Stadtteil Petřkovice hinter der Odra/Oder (Pod Landekem ul. 64; Busse 34, 52, 56 bis »Hornické muzeum«; tgl. 9–16 Uhr).

35 km östl. von Opava

Am Abend

Bis zu 20 000 Jugendliche aus dem ganzen Land strömen am Wochenende in die Straße Stodolny ul., in der sich 75 Musikklubs und Kneipen aneinanderreihen.

Verkehr

Ostrava besitzt einen Flughafen, und der Schnellzug Pendolino fährt von hier aus nach Prag.

Service

Infocentrum

Jurečkova 1935/12 (Eingang Nádražní 7); Tel. 05 96/12 39 13; www.ostravainfo.cz; Mo–Fr 8–18, Sa 9–14 Uhr; Zweigstelle im Hauptbahnhof auch So 12.30–16 und 16.30–20.30 Uhr

Routen und Touren

Wer durch Tschechien fährt, wird immer wieder überrascht durch die Fülle charmanter, schön gelegener Orte, die häufig noch eine intakte Altstadt besitzen. Ein solches Juwel ist auch Jindřichův Hradec in Südböhmen (→ S. 68).

Wandern oder Radfahren wird man in Tschechien ohnehin. Es lohnt sich aber, die Vielfalt des Landes per Automobil zu erkunden. Wir stellen zwei kürzere Fahrten und eine ausgedehntere vor.

Von Hradec Králové durch Ostböhmen – Barock, Schlachtfeld und Zwerge

Charakteristik: abwechslungsreiche Autofahrt; **Länge:** 150 km; **Dauer:** Tagestour; **Einkehrmöglichkeiten:** z. B. Jugendstil-Restaurant des Hotels Beránka in Náchod, Masarykovo nám. 74; tgl. 10–22 Uhr ●●; **Karte:** ⇢ S. 114, A 7

Ab Hradec Králové führt die Straße 11 westwärts ins 27 km entfernte **Chlumec nad Cidlinou** (Kulm), wo das Schloss Karlova Koruna (Karlskrone) 1721 bis 1723 in der Form einer Königskrone als eine der Perlen tschechischen Barocks entstand. Der 1943 durch einen Brand zerstörte Bau ist nun wieder im Besitz der Familie Kinsky (April und Okt. Sa/So, Mai–Sept. Di–So).

Nach dem Besuch fährt man retour auf der 11, zweigt nach Norden auf die 323 ab und erreicht bei Nechanice das reizvolle, im Wald verborgene Schlösschen **Hrádek u Nechanic** (1854), wegen seines neugotischen Erscheinungsbildes auch Mini-Windsor und Klein-Hluboká genannt. Zu den prunkvollen Räumen zählt auch der »Goldene Saal« mit Zierkamin und Kassettendecke.

Chlum ⇢ Jaroměř

Über die Dörfer geht's ins nahe der 35 gelegene **Chlum**, wo sich Preußen in der Schlacht von Königgrätz am 3. Juli 1866 gegen Österreich und Sachsen die Vorherrschaft in den deutschen Ländern sicherte. Hinter dem Dorf besteht das Válečné muzeum mit Fundstücken aus dem Krieg (April–Okt. Di–So). Über 5700 Österreicher und Sachsen starben auf den Totenfeldern bei Chlum, aus dem technisch überlegenen Preußenheer kamen 1929 Menschen ums Leben. Im Umfeld des Museums finden sich unzählige Denkmäler, Friedhöfe und Massengräber.

Nach Osten erreicht man die 33 und auf ihr **Jaroměř**, wo die düstere, mächtige Militärstadt von Josefov (Josefstadt) jene Atmosphäre vermittelt, die in der Verfilmung des »Radetzkymarsch« von Joseph Roth zu erleben war.

Joseph II. ließ die kaiserliche Festung, die zu den sieben größten im Habsburger Reich zählte, von 1780 bis 1787 errichten. Allerdings blieb sie militärisch ohne Bedeutung. Die Preußen umgingen sie 1866, 1888 dann wurde die Festung aufgehoben und diente bis 1918 einer Garnison der österreichisch-ungarischen Armee und als Gefängnis. Die Gänge der gigantischen Festung können besichtigt werden (April und Okt. Sa/So, Mai–Sept. Di–So).

Náchod ⇢ Hradec Králové

Die E 67 führt geradewegs auf die Grenze zu Polen und **Náchod** (Nachod) zu. Der Blick vom eindrucksvollen Schloss beweist, wie unsinnig (in dem Fall realsozialistische) Architektur auch sein kann. **Nové Město nad Metují** (Neustadt an der Mettau), wohin die 14 nach Süden führt, erscheint erst trostlos, ist aber spätestens bei der Ankunft auf dem Stadtplatz mit Bürgerhäusern und Laubengängen jeden Fahrtkilometer wert. Vorm Schloss, von wo aus eine folkloristische Holztreppe in den Park führt, stehen die reizvollen Zwerge von Bildhauer Braun. Als Schlossbesitzer sind die »Textilbarone« Barton aus Übersee zurückgekehrt. Wenige Kilometer nördlich liegt das romantische Flusstal **Peklo** (Hölle) samt Folklore-Ausflugslokal.

Zurück auf der 298 nach Hradec Králové, bietet Schloss **Opočno** eine Kunstsammlung und einen Englischen Park (zur berühmten Krippe von Třebechovice pod Orebem).

Von Karlovy Vary ins Erzgebirge – Dollar, Radiumkur und Torfmoor

Charakteristik: Autotour mit schönen Aussichten; **Länge:** 115 km; **Dauer:** Ganztagestour; **Einkehrmöglichkeiten:** z. B. Kurhotels in Jáchymov, Hotel Zelený Dům in Boží Dar; **Karte:** ⇢ S. 112, B 3–C 3

13 km sind es von Karlovy Vary auf der 13 Richtung Norden nach **Ostrov** (Schlackenwerth), dessen ergiebiger Silberbergbau die Stadt zur gräflichen Hauptresidenz werden ließ. Es gibt einige historische Bauwerke vor Ort, vor allem das Schloss samt Park, eine Schlossruine und das Lustschlösschen von 1679 mit Westböhmischer Galerie.

Jáchymov ⇢ Boží Dar

Jáchymov (St. Joachimsthal) am Fuße des Krušné hory (Erzgebirge) hat geschichtlich mehr Bedeutung, als es der Augenschein der etwas heruntergekommenen Altstadt vermittelt. Die 1516 gegründete Bergmannssiedlung besaß eine Münzstätte (1536; heute Bergbaumuseum mit Zinnsammlung), aus der der Joachimsthaler Gulden kam, später Thaler genannt, worauf die Bezeichnung Dollar basiert. Um 1530 war St. Joachimsthal mit 18 000 Bewohnern sogar zweitgrößte Stadt Böhmens. Ein Stadtbrand zerstörte jedoch 1873 die historische Bebauung weitgehend. Im Zentrum erhalten geblieben ist die Kirche St. Joachim, hinter der der Förderturm der Grube Švornost (Eintracht) aufragt.

Am Uranerz der Gegend entdeckten Marie und Pierre Curie das Element Radium, und St. Joachimsthal wurde 1906 erstes Radium-Heilbad der Welt. Das heutige Kurviertel mit historischen Bauten wie dem Kurhaus Praha (1902) und dem imposanten Radium Palace (1912), aber auch Neubauten wie Akademik Bhounek (1975) und Sanatorium Curie (1992) liegt außerhalb des Stadtzentrums. Der Kurbetrieb im Sperrgebiet war erst wieder ab 1958 erlaubt (Auskunft zum Heilbad: www.laznejachymov.cz).

3,5 km von Jáchymov entfernt verkehrt ein Sessellift ins Skigebiet Klínovec (Keilberg), mit 1244 m höchste Erhebung im Erzgebirge (Berghotel, Aussichtsturm bis 2008 wegen Renovierung geschlossen).

Boží Dar (Gottesgab) bezeichnet sich als höchstgelegenes Städtchen Mitteleuropas (www.bozidar.cz). In dem 179-Einwohner-Ort hat man den für die Grenzregion typischen Billigmarkt inzwischen in einer Halle untergebracht. Durch das nahe Naturschutzgebiet Božídarské rašeliniště, ein Torfmoor, wurde ein 3,2 km langer Lehrpfad angelegt.

Horní Blatná ⇢ Klášterec nad Ohří

Vorbei an verlassenen Häusern führt ein Abstecher nach **Horní Blatná** (Bergstadt Platten), 1532 von Bergmännern aus Johanngeorgenstadt, die vor der Gegenreformation flohen, gegründet und mit rechtwinkligem Stadtraster versehen. Das Heimatmuseum befindet sich im Haus Nr. 127.

Zurück in Boží Dar, fährt man auf der 223 durchs Erzgebirge mit schönen Aussichten, zum Beispiel nach Oberwiesenthal. Měděnec (Kupferberg), ein kleiner ehemaliger Bergbauort, hat den Besucherstollen Mariahilf leider geschlossen; schöne Aussicht vom Berg Měděnecká Hurka mit der Kapelle (17. Jh.). Ins Tal hinab führt ein Sträßchen nach **Klášterec nad Ohří** (Klösterle an der Eger) mit freundlichem Stadtbild und einem Herrensitz, der bis 1860 neugotische Gestalt erhielt und heute eine viel gelobte Ausstellung zur böhmischen Porzellanherstellung beherbergt.

Durch Südmähren – Amadeus, Gurken und Mährische Adria

Charakteristik: ausgedehnte Autoreise durch sehr schöne Landschaft; **Länge:** ca. 500 km; Dauer: 5 Tage; **Einkehrmöglichkeiten:** z. B. Valtická Rychta in Valtice, ein folkloristisches Restaurant; Mo 11–15, Di–Sa 11–22, So 11–20 Uhr ●●; **Karte:** ⇢ S. 118, C 14

Ab Brno führt die Autobahn ostwärts und die Abfahrt Holubice nach Slavkov u Brna (Austerlitz) mit seinem Schloss. Einen Abstecher wert über die Straße 417 ist das westlich gelegene Prace mit dem Friedensdenkmal der berühmten Schlacht von Austerlitz 1805.

Kroměříž ⇢ Zlín

Zurück auf der Autobahn, die bis zum Zielort Zlín verlängert werden soll, geht es nach **Kroměříž** (Kremsier). Der einstige Sommersitz der Olmützer Bischöfe hat ein schönes Stadtbild, und das Schloss besitzt eine der bedeutendsten Sammlungen mit Gemälden alter Meister in Tschechien. In diesem Schloss tagte 1848/49 während der Revolution Österreichs Reichstag. Milos Forman hat dort etliche Szenen für den Spielfilm »Amadeus« gedreht. Der bekannte Blumengarten (Květná záhrada) mit einer 233 m langen Kolonnade von 1671 liegt am Westrand der Stadt.

Die 432 führt nach **Holešov** (Holleschau), wo ehemals eine große jüdische Gemeinde lebte, die 1774, 1899, 1918 Pogrome und in der NS-Zeit die Ermordung von über 200 Mitgliedern erleiden musste. In der Schach-Synagoge (Prícni ul.) von 1560 ist die Dauerausstellung »Juden in Mähren« zu sehen. Daneben gibt es in Holešov ein frühbarockes Schloss und ein Kloster aus dem 18. Jh.

Weiter nach Süden führt die 490 in die Schuhstadt **Zlín**, 1948 bis 1989 nach dem ersten kommunistischen Staatspräsidenten Klement Gottwald Gottwaldov benannt. Wer sich für Architektur im Bauhausstil interessiert, kommt hier auf seine Kosten. Im 1949 verstaatlichten Werk ŠVIT (»Schimmer der neuen Zeit«) hat sich nach dem Zusammenbruch der ČSSR die Hoffnung auf die Rückkehr der Bat'a-Familie, die weit über 100 Schuhfabriken besitzt, nicht erfüllt (1. Tag: 115 km).

Uherské Hradiště ⇢ Znojmo

Ab Zlín reist man auf der 49 nach **Uherské Hradiště** (Ungarisch Hradisch). Im Stadtteil Staré Mesto erinnert das Památnik Velké Moravy an die älteste slawische Siedlung und das Großmährische Reich. Auf der 55 sollte man hinter Strážnice im Winzerdorf **Petrov** Halt machen, an dessen Rand etliche malerische historische Weinkeller (Plze, 18./19. Jh.) zu sehen sind. Nach Břeclav hat man die Qual der Wahl: **Mikulov**, ein Kleinod des Landes (→ S. 81), **Lednice** (→ S. 81) mit seinem herrlichen Schlosspark oder **Valtice** samt Schloss (→ S. 82)? Wir empfehlen: Zeit nehmen und übernachten (2. Tag: 105 km).

Znojmo (Znaim) (→ S. 83), berühmt für seine Gurken, kann man entweder über Nebenstraßen im Grenzgebiet oder zügiger über E 461, Pohořelice und 54 ansteuern. Der 40 000-Einwohner-Ort an der Dyje (Thaya) hat eine schöne Altstadt und eines der bedeutendsten Baudenkmäler Tschechiens, die romanische St.-Katharina-Rotunde.

Znojmo ist als Übernachtungsort geeignet, gibt es doch in seiner Nähe äußerst attraktive Ziele. Die bis 1695 barockisierte großartige Burg **Vranov nad Dyjí** (Frain a. d. Thaya) wurde als

Schloss kühn auf den Felsen über der Dyje erbaut (April und Okt. Sa/So, Mai–Sept. Di–So oder tgl.). **Bitov** (Vöttau) ist eine mächtige neugotische Burganlage (April–Okt.) über dem 1931 bis 1934 erbauten Stausee, auf dem Schiffe verkehren und wo an der »Mährischen Adria« Bademöglichkeiten bestehen (Strand »Vranovská pláž«, Bucht »Lančovská zátoka«). Zwischen Znojmo und Vranov n. D. erstreckt sich der Nationalpark Podyjí mit dem tief eingeschnittenen Flusstal der Dyje, dem Dyje-Canyon (3. Tag: 60 km).

Moravské Budějovice ···> Brno

Die E 59 führt geradewegs auf Moravské Budějovice zu. Wenige Kilometer nordöstlich liegt **Jaroměřice nad Rokytnou** (Jarmeritz) mit einem der größten Barockschlösser Europas, einer grandiosen Anlage. Der Marktplatz von **Telč** (Teltsch; www.telc-etc.cz, www.telcsko.cz), wohin man über die Straßen 38 und 23 gelangt, mit seinen bunten, teils bemalten Bürgerhäusern und Laubengängen fehlt in keinem Tschechien-Bildband. Italienische Handwerker, die der Herrscher Zacharias von Neuhaus einsetzte, hatten anlässlich des Umbaues der gotischen Burg die prächtigen Bürgerhäuser in Telč geschaffen. Als eine der schönsten mittelalterlichen Städte im Lande zählt es seit 1992 zu den Weltkulturdenkmälern der UNESCO (Renaissanceschloss mit »Schatzkammer«, Infocentrum Mai–Okt tgl., Nov.–April Mo–Fr).

Die 406 erreicht in nördlicher Richtung via Trest die ehemalige älteste böhmische Bergbaustadt **Jihlava** (Iglau). Die Altstadt samt Stadtbefestigung genießt Denkmalschutz (Aussicht vom Nordturm von St. Jakob). Der Stadtplatz Masarykovo nám., den ein Kaufhausbau verunziert, ist mit 328 mal 114 m einer der größten der Republik. An den Komponisten Gustav Mahler (1860–1911), der in Iglau aufwuchs, erinnert die Gedenkstätte in der Kosmákova 9 (Mitte April–Sept. Di–Fr 9–12 und 13–17, Sa/So 13–17 Uhr) (4. Tag: 96 km).

Hinter der Autobahn bei Jihlava empfiehlt sich erst die 352 Richtung Polná, später die 19 nach **Ždár nad Sázavou** (Saar an der Sazau), da hier die ungewöhnliche fünfeckige St.-Johannes-Nepomuk-Wallfahrtskirche (1722) auf dem Berg Zelená Hora von der UNESCO als Weltkulturdenkmal eingestuft wurde. Die 19 führt weiter nach Osten; bei Kozlov verlässt man sie und fährt über die 387 nach Nedvědice mit **Burg Pernštejn** (Pernstein) in nächster Nähe, einst Sitz derer von Bärenstein. Die wenig bekannte Bilderbuchburg vermittelt den Eindruck, als sei das Mittelalter noch nicht vergangen.

Zurück auf der 19, reist man nach **Boskovice**, mit Schloss, Burgruine, jüdischem Ghetto und Friedhof ein sehr besuchenswertes Städtchen. Die 374 führt in den Moravský kras, den Mährischen Karst (→ S. 80), mit den viel besuchten Höhlen bei Blansko eine der Attraktionen des Landes. Von dort ist Brno in etwa 30 km erreicht (5. Tag: 140 km).

Der malerische Marktplatz von Telč ist eine begehrte Kulisse für historische Filme.

Wissenswertes über Tschechien

Sie ist nach einem der berühmtesten, in Prag geborenen Schriftsteller benannt und eine ausgezeichnete Anlaufstelle für jede Art von Literatur über Tschechien: die Franz-Kafka-Buchhandlung auf der Prager Kleinseite.

Tschechien kompakt mit aktuellen Infos über Anreise, Auskunftsstellen, das, was man als Gast tun und lassen sollte, und vielem mehr. Dazu Geschichtsübersicht und Sprachführer.

Jahreszahlen und Fakten im Überblick

Um 60 000 v. Chr.
Menschliche Spuren nachgewiesen (Sípka-Höhle von Štramberk).

9. Jh. v. Chr.
Besiedlung durch Germanen.

6. Jh. v. Chr.
Slawische Stämme siedeln sich an.

9. Jh.–1306
Herrschaft der tschechischen Přemysliden, spätere Könige von Böhmen, einem Teil des Heiligen Römischen Reiches Deutscher Nation; deutsche Kolonisten kommen.

929 oder 935
Ermordung von Wenzel I. (Václav), der das Land christianisierte.

1346–1378
»Goldenes Zeitalter« unter Karl IV. (1316–1378), König von Böhmen, ab 1355 Kaiser; in Prag 1348 erste Universität Mitteleuropas.

1415
Verbrennung von Kirchenreformer Jan Hus auf dem Konstanzer Konzil.

30. Juli 1419
Erster Prager Fenstersturz: Hussiten werfen katholische Stadträte aus dem Neustädter Rathaus Prags. Hussitenkriege 1419 bis 1436. Vertreibung der Deutschen in die Randgebiete.

1526
Böhmen geht per Erbvertrag an die Habsburger und bleibt bis 1918 mit Österreich vereint.

1618
Zweiter Prager Fenstersturz: Protestantische Adelsleute vertreiben Habsburger. Es beginnt der Dreißigjährige Krieg (bis 1648).

1635
Friede von Prag. Rekatholisierung. Germanisierung.

bis 1860
Industrielle Revolution. Böhmen ist dank seiner Schwer- und Textilindustrie »Diamant in der Krone Habsburgs«.

28. Oktober 1918
Gründung der Tschechoslowakischen Republik (ČSR), Tomáš G. Masaryk (1850–1937) bleibt bis 1935 Staatspräsident. Die deutschsprachige Minderheit zählt 3,12 Millionen Menschen.

1933–1938
Die Sudetendeutsche Heimatfront des Bankbeamten Konrad Henlein kämpft für Autonomie, später als Sudetendeutsche Partei für den Anschluss an NS-Deutschland.

29. September 1938
Münchner Abkommen; am 1. Oktober besetzt die deutsche Wehrmacht das Sudetenland (3,4 Millionen Bewohner). Präsident Edvard Beneš (1884–1948) emigriert.

15. März 1939
Als Hitler mit Krieg droht, stimmt Staatspräsident Emil Hácha der Bildung des »Protektorats Böhmen–Mähren« zu; Einmarsch von Wehrmacht, SS, Gestapo.

1939–1945
Annähernd 100 000 Bürger von Böhmen und Mähren werden durch den NS-Terror umgebracht, darunter zwei Drittel der 100 000 Juden.

26. Mai 1942
Anschlag auf Reinhard Heydrich, stellvertretenden Reichsprotektor; er

stirbt am 4. Juni. Vergeltungsmaßnahmen: 3000 Hinrichtungen, Vernichtung der Dörfer Lidice und Ležáky, Ermordung und Verschleppung der Bewohner.

5. Mai 1945
Aufstand in Prag. Befreiung durch die Rote Armee bzw. von Westböhmen durch die US-Armee.

1945–1947
Vertreibung von 2,7 bis 2,9 Millionen Sudetendeutschen (tschechisch: »odsun« = Abschub). 6500 Todesopfer durch Übergriffe bei der anfänglich »wilden Vertreibung«. 20 000 weitere Mitglieder der deutschen Minderheit sterben auf sogenannten Todesmärschen und in Lagern. 200 000 dürfen bleiben. Henlein verübt Selbstmord.

1946
Die Kommunistische Partei (KPČ) wird stärkste Partei (37,9 %), Klement Gottwald Ministerpräsident.

1948
Die KPČ übernimmt die Macht. Die ohne Alternative angetretene Nationale Front erhält bei den Wahlen 89,3 %, Gottwald wird Staatspräsident.

1949/1950
Vorgehen gegen die katholische Kirche. Stalinistische Prozesse gegen KPČ-Funktionäre. Hinrichtungen.

1968
Prager Frühling: Reformbewegung unter Alexander Dubček, »Sozialismus mit menschlichem Antlitz«. Einmarsch der Warschauer-Pakt-Truppen.

17. April 1969
Sturz von Alexander Dubček.

1973
»Normalisierungsvertrag« unter der deutschen SPD/FDP-Regierung von Willy Brandt; Aufnahme diplomatischer Beziehungen.

1977
Demokratisierungsprogramm »Charta 77« der Bürgerrechtler. Verhaftungen.

1989
Massenausreise von DDR-Bürgern über die ČSSR in die BRD. »Samtene Revolution«: 25. November Demonstration von 1,5 Millionen Menschen in Prag gegen die Regierung, Generalstreik; 27. November Rücktritt der Regierung; am 29. Dezember wird Václav Havel Präsident.

1993
Teilung in Tschechische und Slowakische Republik. Václav Havel erster Präsident der Tschechischen Republik; Beitritt zum Europarat; Assoziierungsabkommen mit der EU.

1997
Deutsch-tschechische Aussöhnungserklärung.

1999
NATO-Beitritt; Tschechiens Luftraum darf im Krieg der NATO gegen Serbien für Angriffe (an denen das Land nicht teilnimmt) genutzt werden.

2000
Prag wird Europäische Kulturhauptstadt.

2002
Hochwasserkatastrophe; 17 Tote, 200 000 Menschen werden evakuiert.

2003
Václav Klaus von der national-konservativen ODS wird Staatspräsident und Nachfolger von Václav Havel.

1. Mai 2004
Beitritt Tschechiens zur EU.

2007
Schwarz-grüne Regierung (dank zweier sozialdemokratischer Dissidenten)

Nie wieder sprachlos

Diakritische Zeichen (mit Dächlein) stehen für die Zischlaute: č sprich: »tsch«, š = »sch«, ř = »rsch«, ž = »zsch« oder für einen weichen Buchstaben; dě ist ein weiches »dj«, ě = je, ně = »nj« (nemecký = »njemecký« – und heißt deutsch).

Wichtige Wörter und Ausdrücke

Ja	*ano*
Nein	*ne*
Bitte	*prosím*
Danke	*děkuji*
Und	*a*
Wie bitte?	*Prosím jak?*
Ich verstehe nicht	*nerozumím*
Entschuldigung	*pardon!/promiňte!*
Guten Morgen	*dobré ráno!*
Guten Tag	*dobrý den*
Guten Abend	*dobrý večer*
Hallo!	*Hej!*
Ich heiße ...	*jmenuji se ...*
Ich komme aus ...	*pocházím z ...*
Wie geht's?	*jak se daří?*
Danke, gut ...	*dekuji dobře (Slang: nic moc – so lala!)*
Wer, was, welcher	*kdo, co, který*
Wie viel	*kolik*
Wo ist	*kde je*
Wann	*kdy*
Wie lange	*jak dlouho*
Sprechen Sie Deutsch?	*mluvíte německy?*
Auf Wiedersehen	*na shledanou (sprich: na skledanou)*
heute	*dnes*
morgen	*zítra*

Zahlen

eins	*jedna*
zwei	*dva, dvě*
drei	*tři*
vier	*čtyři*
fünf	*pět*
sechs	*šest*
sieben	*sedum*
acht	*osum*
neun	*devět*
zehn	*deset*
zwanzig	*dvacet*
fünfzig	*padesát*
einhundert	*sto*
zweihundert	*dvěstě*
fünfhundert	*pětset*
tausend	*tisíc*

Wochentage

Montag	*pondělí*
Dienstag	*útery*
Mittwoch	*středa*
Donnerstag	*čtvrtek*
Freitag	*pátek*
Samstag	*sobota*
Sonntag	*neděle*

Mit und ohne Auto unterwegs

Wie weit ist es nach ...	*jak daleko je do ...*
Wie kommt man nach ...	*kudy se dostanu na ...*
Wo ist ...	*kde je*
– die nächste Werkstatt	*– nejbližši servis*
– der Bahnhof/ Busbahnhof ...	*– nádraží/autobusové nádraží*
– die nächste U-Bahn/Bus-Station	*– metro/stanice autobusu*
– der Flughafen	*– letiště*
– die Touristeninformation	*– turistická informace*
– die nächste Bank	*– nejbližší banka*
– die nächste Tankstelle	*– benzinová stanice/pumpa*
Wo finde ich einen Arzt/ eine Apotheke	*kde najdu lékaře/lékárnu*
Bitte voll tanken!	*plný prosím!*
Normalbenzin	*normal*
Super	*spezial*
Bleifrei	*natural*

Diesel	*nafta*
rechts	*do prava*
links	*do leva*
geradeaus	*rovně*
Ich möchte ein Auto/ein Fahrrad mieten	*Chci zapujčit auto/kolo*
Wir hatten einen Unfall	*Měli jsme nehodu*
Eine Fahrkarte nach ... bitte!	*Prosím jízdenku do ...!*
Ich möchte ... Euro in Kronen wechseln	*Potřebuji směnit ... euro na koruny*

Hotel

Ich suche ein Hotel	*hledám hotel*
Ich suche ein Zimmer für ... Personen	*hledám pokoj pro ... osoby*
Haben Sie noch Zimmer frei	*máte volný pokoj*
– für eine Nacht	*– na jednu noc*
– für zwei Nächte	*– na dvě noci*
– für eine Woche	*– na týden*
Ich habe ein Zimmer reserviert	*Mám reservaci na pokoj*
Wie viel kostet das Zimmer	*Kolik stojí ten pokoj?*
– mit Frühstück	*– se snídaní*
– mit Halbpension	*– s poloviční pensí*
Kann ich das Zimmer sehen?	*Mohu se podívat na pokoj?*
Ich nehme das Zimmer	*Ten pokoj si vezmu*
Kann ich mit Kreditkarte zahlen?	*Mohu zaplatit s kreditní kartou?*
Haben Sie noch Platz für ein Zelt/einen Wohnwagen?	*Máte ještě místo pro stan/obytný přívěs*

Restaurant

Speisekarte	*jídelní lístek*
Die Rechnung bitte	*platit prosím*
Ich hätte gerne einen Kaffee	*prosím jednu kávu*
Wo finde ich die Toiletten (Damen/Herren)	*kde jsou záchody dámy/páni, ženy/muži*
Kellner/Ober	*číšník/vrchní*
Frühstück	*snídaně*
Mittagessen	*obědy*
Abendessen	*večeře*
Was können Sie uns empfehlen?	*Co nám můžete doporučit?*
Was für Nachspeisen gibt es?	*Jaké máte moučník?*
Welches Bier haben Sie?	*Jaké máte pivo?*
Haben Sie Pilsner Urquell?	*Máte Prazdroj?*
Wo ist die Brauerei?	*Kde je ten pivovar?*
Noch eine Flasche, bitte!	*Ještě jednu láhev, prosím!*
Es war ausgezeichnet	*Bylo to výborné!*

Einkaufen

Wo gibt es ...?	*Kde se dostane ...?*
Haben Sie ...?	*Máte prosím ...?*
Wie viel kostet das?	*Kolik to stojí?*
Das ist zu teuer	*toje moc drahé*
Geben Sie mir bitte 100 g/ein Kilo	*dejte mit prosím deset deka/jedno kilo*
Danke, das ist alles	*děkuji, to je vše*
geöffnet/geschlossen	*otevřeno/zavřeno*
Bäckerei	*pekárna*
Kaufhaus	*obchodní dum*
Markt	*trh*
Metzgerei	*řezník, maso – uzeniny*
Haushaltswaren	*domácí potřeby*
Lebensmittelgeschäft	*potraviny*
Briefmarken für einen Brief/eine Postkarte nach Deutschland/Österreich/in die Schweiz	*poštovní známka dopis/pohlednici do Německa/do Rakouska/do Švycarska*

Die wichtigsten kulinarischen Begriffe

A
alkoholický: alkoholisch

B
bábovka: Gugelhupf
bažant: Fasan
becherovka: Magenlikör
biftek: Beefsteak, Filet
bramborák: Kartoffelpuffer
brambory: Kartoffel
buchty: Dampfnudeln, Auszogene
buřty: Knackwurst
bylinkové máslo: Kräuterbutter

C
čaj: Tee
candát: Zander
červené zelí: Rotkraut
česnek: Knoblauch
chleba: Brot
chobotnice: Tintenfisch
cibulačka: Zwiebelsuppe
cibule: Zwiebel
cmuda po jihocesku: Rauchfleisch südtschechische Art (mit Kraut im Kartoffelpuffer)
čočka: Linse
Cocka nakyselo: saure Linsen
cukr: Zucker

D
domáci: hausgemacht
dort: Torte
dršťky: Kutteln

G
gulaš: Gulasch

H
Hermelín: tschechischer Camembert
hlemýždi: Schnecken
hořčice: Senf
houby: Pilze
houska: Semmel
hovězí: Rindfleisch
hrách: Erbse
hranolky: Pommes frites
hruška: Birne
husa: Gans

J
jablko: Apfel
jahoda: Erdbeere
játra: Leber
jehněčí kotlet: Lammkotelett
jelení: Hirschbraten
jitrnice: Leberwurst

K
kachna: Ente
kančí: vom Wildschwein
kapr: Karpfen
karbanátek: Frikadelle
káva: Kaffee
klobása: Bockwurst
knedlíky: Knödel
koblihy: Krapfen
koláč: Kuchen
koření: Gewürze
krabí kokteil: Shrimpscocktail
králík: Hase
krkovička: Halsgrat
krůta: Truthahn
kuře: Hähnchen
květák: Blumenkohl
kyselé okurky: saure Gurken
kyselé zelí: Sauerkraut

L
lívance: Pfannengebäck
losos: Lachs
loupáček: böhmische Croissants

M
mák: Mohn
máslo: Butter
maso: Fleisch
med: Honig
mléko: Milch
mořský vlk: Seewolf
mrkev: Möhre

N
nápoje: Getränke
nudle: Nudeln

O
obložené chlebíčky: belegte Brötchen

ocet: Essig
očko: Sardellenring
okurky: Gurken
olej: Öl
Olomoucké syrečky: Olmützer Quargel
omáčka: Soße
ořechy: Nüsse
ovoce: Früchte
ovocný pohár: Fruchtbecher

P
palačinky: Palatschinken
párky: Würstchen
pašík: Spanferkel
pečený: gebraten
pečivo: Gebäck
pepř: Pfeffer
perlivá voda: Selterswasser, Sprudelwasser
pivo: Bier
polévka: Suppe
pomeranče: Orange
předkrm: Vorspeise
prejt: geröstetes Hackfleisch
přílohy: Beilage
pstruh: Forelle

R
rajčata: Tomaten
rajská omáčka: Tomatensauce
rakvičky: knusprige »Särgchen mit Sahne«
řízek: Schnitzel
rohlíky: Kipfel
roštěnka: Rostbraten
ruská vejce: russische Eier
ryba: Fisch
rýže: Reis

S
salám: Wurst/Aufschnitt
salát: Salat
sardinky: Sardinen
sekaná: Hackbraten
selátko: Spanferkel
skořice: Zimt
skopová: Hammelbraten
slanina: Speck
šlehačka: Schlagsahne
slivovice: Pflaumenschnaps
smažený: paniert
smetana: Rahm, Sahne
smetana (kyselá): Sauerrahm
šopský salát: gemischter Salat mit Schafskäse
špenát: Spinat
srnčí: Rehbraten
studené: kalt
sůl: Salz
šunka: Schinken
svařene víno: Glühwein
svíčková: Lendenbraten in Sauerrahm (Nationalspeise)
sýr: Käse

T
telecí: Kalbfleisch
teplé: warm
těstoviny: Teigwaren
tlačenka: Presssack
topinky: in Öl ausgebackenes Brot als Spezialität
toust: Toast
tresčí játra: Dorschleber
třešně: Kirsche
tvaroh: Quark

U
utopenci: »ertrunkene« Würstchen in Zwiebelessig
uzeniny: Wurstwaren
uzenka: Geräuchertes

V
vánočka: Weihnachtsstollen (Hefezopf)
vejce: Ei
věnečky: gefüllte Teigkränzchen
vepřová: Schweinebraten
větrník: Windbeutel
víno bílé: Weißwein
voda: Wasser

Z
žabí stehínka: Froschschenkel
zákusek: Dessert
zavináče: Rollmops
zelenina: Gemüse
zelí: Kraut
zelňačka: Krautsuppe
zmrzlina: Eis
zvěřina: Wild
žampiony: Champignons

Nützliche Adressen und Reiseservice

Auf einen Blick

Einwohnerzahl: 10,28 Millionen, 130 Menschen pro qkm; 90,1 % Tschechen, 3,7 % Mährer und Schlesier, 3 % Roma, 1,8 % Slowaken, 0,5 % Polen, 0,4 % Deutsche
Fläche: 78 866 qkm
Religion: 40 % konfessionslos, 39 % römisch-katholisch, 2,5 % evangelisch, 1,7 % tschechisch-hussitisch
Sprache: tschechisch
Verwaltungseinheiten: 14 Regionen mit gewählten Vertretungen

Anreise und Ankunft

Mit dem Auto

Die Verkehrsanbindungen sind gut. Prag ist von Berlin 384 km, von Hamburg 637 km, von Frankfurt/Main 470 km, von München 331 km, von Wien 298 km und von Zürich 667 km entfernt.

Mit der Bahn

Wer Geld sparen will, löst die Fahrkarte bis zur tschechischen Grenze und bezahlt anschließend im Zug in Kronen bis zum Zielort. Auf deutschen Strecken können beim Sparpreis 25 die zweite bis fünfte Person bis zu 50 % Ermäßigung erhalten. BahnCard-25-Besitzer erhalten zusätzlich 25 % Rabatt.

Mit dem Bus

Es gibt Verbindungen zu den größeren Städten und Heilbädern. Beispiele: Deutsche Touring (www.deutsche-touring.de) für Hin- und Rückfahrt nach Prag: ab Berlin knapp 6,5 Stunden, 55 bis 70 €; ab Köln gut 11 Stunden, 94 €; ab München 6 Stunden, 57 €. Berlin Linien Bus (www.berlinlinienbus.de) verkehrt auf der Strecke Hamburg–Berlin–Dresden–Prag, hin und zurück 38 €. Karlovy Vary und Mariánské Lázně steuert der Bohemia Euroexpress International in Verbindung mit Eurolines an (www.bei.cz).

Mit dem Flugzeug

Nach Prag (Flughafen www.csl.cz) gibt es Flüge aus vielen Großstädten, z. B. ab Basel (Easyjet, www.easyjet.com; Swiss, www.swiss.com), Berlin (CSA, www.czechairlines.de), Dortmund (Easyjet), Köln/Bonn (CSA; Germanwings, www.germanwings.com), Düsseldorf, Frankfurt/M., Hamburg, München (jeweils Lufthansa, www.lufthansa.de; CSA), Genf (Fly Baboo, www.flybaboo.com; Swiss; Easyjet), Hannover (CSA), Stuttgart (Germanwings; CSA), Wien (Austrian Airlines, www.aua.com), Zürich (Swiss; CSA). Ab Prag fliegt CSA nach Ostrava, Brno und Karlovy Vary.

CSA: V. Celnicí 5, Praha 1; Tel. 2 39 00 70 07

Lufthansa City Center: Na příkopě 24, Praha 1; Tel. 02/24 42 29 11

Auskunft

Kostenloses Informationsmaterial erhält man bei nachstehenden Adressen:

Tschechische Zentrale für Tourismus/Tschechisches Zentrum
Friedrichstr. 206, 10969 Berlin; Tel. 0 30/2 04 47 70; Tschechisches Zentrum: Tel. 2 08 25 92, Fax 2 04 44 15; www.czechtourism.de, www.czech-berlin.de; Mo 14–17, Di–Fr 10–13 und 14–17 Uhr; Zentrum Mo 14–18, Di–Fr 10–13 und 14–18 Uhr; Information (Büro im Erdgeschoss) Mo 10–14, Di–Fr 13–18 Uhr

Tschechisches Zentrum
Hauptstr. 11, 01907 Dresden-Neustadt; Tel. 03 51/8 04 05 15 oder 79 58 07 70, Fax 8 04 05 10; www.czechcentres.cz/dresden; Mo 14–17.30, Di und Do 11–17.30 Uhr

Tschechische Zentrale für Tourismus
Lerchenfeldstr. 20, 80583 München; Tel. 0 89/54 88 59 14, Fax 54 88 59 15; E-Mail: info2-de@czechtourism.com; Mo–Fr 9–17 Uhr

Tschechisches Zentrum
Prinzregentenstr. 7, 80538 München; Tel. 0 89/21 02 49 32, Fax 21 02 49 33; www.czechcentres.cz/munich; Mo–Fr 9–17 Uhr

Tschechische Zentrale für Tourismus/Tschechisches Zentrum
Herrengasse 17, 1010 Wien; Tel. 01/53 32 19 33, Fax 53 32 19 34; E-Mail: info-at@czechtourism.com; www.czechtourism.com; Mo 14–17, Di 10–13 und 14–17, Do 10–13 und 14–18, Fr 10–13 Uhr

Tschechische Zentrale für Tourismus/Čedok
Am Schanzengraben 11, 8002 Zürich; Tel. 0 44/2 87 33 44, Fax 2 87 33 45; www.czechtourism.com; Mo–Fr 9–12.30 und 14–18.30 Uhr

Behinderte
Neue Hotels samt Restaurants sind behindertengerecht eingerichtet. Für viele Sehenswürdigkeiten, Museen und öffentliche Verkehrsmittel trifft dies nicht zu. Zu Reisen und Reiseveranstaltern berät:
Bundesarbeitsgemeinschaft des Clubs Behinderter und ihrer Freunde
Langenmarckweg 21, 51465 Bergisch-Gladbach; Tel. 0 22 02/9 89 98 11; www.bagcbf.de

Besichtigungen/Eintrittspreise
Da die Eintrittspreise oft sehr niedrig sind, sind diese im Reiseführer nur genannt, wenn sie umgerechnet 2 € übersteigen. Die Preise sind wie folgt angegeben: 90 Kč (50 Kč), Familien 150 Kč; d.h.: erste Zahl = Erwachsene, Zahl in Klammern = ermäßigter Eintritt (Kinder von 6–15 Jahren) und dann der Familienpreis.

Buchtipps
Ota Filip: »Der siebente Lebenslauf. Autobiografischer Roman« (Herbig, 2001). Von der Schuld des Einzelnen in einer Diktatur.
Jirí Grusa: »Gebrauchsanweisung für Tschechien und Prag« (Piper, 2003). Vom ehemaligen Botschafter.
Pavel Kohout: »Sternstunde der Mörder« (btb, 1997). In den letzten Tagen der deutschen Besatzung sucht ein Serienmörder Prag heim.
Josef Skvorecky: »Eine prima Saison« (Piper, 1999). Schülerliebe 1944 in der Provinz.
Klaus Wagenbach: »Kafkas Prag. Ein Reiselesebuch« (Wagenbach, 1993).
Außerdem ist zu Prag ein **MERIAN-Heft** im Handel erhältlich (ISBN 3-8342-0608-3).

Diplomatische Vertretungen
Botschaft der Bundesrepublik Deutschland
Vlašská 19, 11801 Praha 1 (Malá Strana); Tel. 02/57 11 31 11, Fax 57 53 40 56

Österreichische Botschaft
Viktora Hugo 10, 15115 Praha 5 (Smíchov); Tel. 02/57 09 05 11, Fax 57 31 60 45

Schweizer Botschaft
Pevností 7, 16200 Praha 6 (Střešovice); Tel. 02/2 20 40 06 11, Fax 2 24 31 13 12

Feiertage
1. Jan.	Neujahr
Ostermontag	
1. Mai	Tag der Arbeit
8. Mai	Tag der Befreiung vom Faschismus
5. Juli	Tag der slawischen Apostel Cyrill und Method
6. Juli	Erinnerung an Jan Hus
28. September	Tag des hl. Wenzel
28. Oktober	Tag der Unabhängigkeit
24.–26. Dezember	Weihnachten

Fotografieren

Beim Kauf von Filmen muss man auf das Haltbarkeitsdatum achten. Militärische Objekte dürfen nicht aufgenommen werden. Fotografieren und Filmen in Kultureinrichtungen werden manchmal gegen ein (geringes) Entgelt gestattet.

Geld

Die Landeswährung ist die Krone (Koruna česká, Kč). Eine Krone hat 100 Heller (haléř, Mehrzahl: haléřů). Scheine: 50, 100, 200, 500, 1000, 2000, 5000 Kč; Münzen: 1, 2, 5, 10, 20 Kč. In den größeren Städten werden Kreditkarten akzeptiert. Geld erhält man in Banken (Mo–Fr 8–12 und 13–16.30 Uhr) und rund um die Uhr an Geldautomaten. Die Wechselstuben bieten schlechte Kurse und verlangen hohe Gebühren. Dass man nicht mehr auf der Straße tauscht, sollte sich herumgesprochen haben. Wegen des zu hohen Staatsdefizits wird der Euro voraussichtlich nicht wie ursprünglich vorgesehen 2010 eingeführt werden.

Haustiere

Für Hunde und Katzen ist der Pet Passport Pflicht. Die Tollwutimpfung muss mindestens einen Monat vor der Einreise erfolgen und darf nicht älter als ein Jahr sein. Über andere Tiere informiert: www.svscr.cz (engl.).

Internet

www.bbkult.net Bayern und Böhmen online

www.czech-embassy.de Tschechische Botschaft in Deutschland

www.czech-inspiration.cz Präsentation von sieben Städten, darunter Český Krumlov und Hradec Králové

www.czecot.com Touristikserver

www.myczechrepublic.com Informativ

www.spas.cz Verein der Kurorte

www.tschechien-schweiz.ch Tschechische Botschaft in der Schweiz

www.zamky-hrady.cz Burgen und Schlösser

Medizinische Versorgung

Reisende aus Deutschland, Österreich und der Schweiz führen die Europäi-

Wechselkurse

CZ Kč	EU Euro	CH Franken
1	0,04	0,06
5	0,17	0,29
10	0,35	0,58
20	0,70	1,17
30	1,05	1,75
50	1,75	2,92
100	3,50	5,83
250	8,75	14,59
500	17,50	29,17
750	26,25	43,76
1000	35,00	58,34
2500	87,35	145,31
5000	174,71	290,62

Stand: August 2007

Nebenkosten (umgerechnet in Euro)

1 Tasse Kaffee	1,05
1 Bier (Flasche)	1,00
1 Cola	0,90
1 Brot (Weißbrot)	1,20
1 Schachtel Zigaretten	2,10
1 Liter Benzin	1,05–1,25
Fahrt mit öffentl. Verkehrsmitteln (Einzelfahrt)	0,30–0,50

sche Krankenversicherungskarte mit. Die private Auslandskrankenversicherung ermöglicht freie Arztwahl und den Rücktransport ins Heimatland (Arzt = »lékař«, Krankenhaus = »nemocnice«, Zahnarzt = »zubní lékař«). Wichtige Medikamente oder zumindest den Beipackzettel mitnehmen. Apotheken (»lékárna«) sind Mo–Fr 8–12 und 13–16.30, Sa 8–12 Uhr geöffnet, der Bereitschaftsdienst wird angezeigt. Für Mittel- und Südböhmen sowie das Prager Stadtgebiet wird eine Zeckenschutzimpfung empfohlen. Bei einem Zeckenbiss muss man das Tier vorsichtig entfernen und umgehend einen Arzt aufsuchen.

Notruf

Erste Hilfe: Tel. 1 55
Polizei: Tel. 1 58
Feuerwehr: Tel. 1 50
Notruf: Tel. 1 12
Alle Nummern sind auch mit Mobiltelefonen frei benutzbar.

Politik

Die Tschechische Republik ist eine parlamentarische Demokratie (Zweikammerparlament: Abgeordnetenhaus und Senat). Aus den Wahlen 2006 zum Abgeordnetenhaus ging die nationalkonservative ODS als stärkste Partei hervor (81 Mandate), vor den Sozialdemokraten (ČSSD, 74), den Kommunisten (KSČM, 26), den Christdemokraten (KDU-ČSL, 13) und den Grünen (6). Die Amtszeit von Präsident Václav Klaus (ODS), geb. 1941, währt bis 2008.

Post

Porto für Postkarten und Briefe innerhalb Europas 11 Kč, Luftpost: Karte und Brief 11 Kč. Briefmarken erhält man bei der Post (Mo–Fr 8–18 Uhr; Postamt in der Jindřišská 14 in Prag 1: 2–0 Uhr) und in Tabakläden.

Reisedokumente

Zur Einreise genügen Personalausweis oder Reisepass, die noch drei Monate gültig sein müssen. Der Kinderausweis ohne Bild und Passersatzpapier werden nicht anerkannt. Bis zu 15-Jährige können ohne Ausweis einreisen, wenn im Reisepass eines Elternteils ein Eintrag besteht.

Reiseknigge

Beherrscht man einige Grußformeln in der Landessprache, wird dies erfreut aufgenommen. Auf gar keinen Fall darf man davon ausgehen, dass die Einheimischen Deutsch sprechen.

Die Bezeichnung des Landes lautet Tschechische Republik bzw. Tschechien. Tschechei ist ein Ausdruck aus der Zeit des Nationalsozialismus.

Beim Besuch von Kirchen, Synagogen und Gedenkstätten kleidet man sich entsprechend. Im Theater und bei Konzerten ist festliche Kleidung erwünscht.

Bei privaten Einladungen bleiben die Schuhe meist vor der Haustür. Bei Blumen für die Gastgeber wählt man eine ungerade Zahl (gerade Zahl bei Beerdigungen).

Reisewetter und Reisezeit

Prag hat ganzjährig Saison. Frühjahr, Sommer und Herbst sind gute Reisezeiten, das Klima entspricht dem mitteleuropäischen. Gebiete ab 1000 m Höhe gelten von Anfang Dezember bis Ende März als schneesicher.

Sicherheit

Wie in anderen europäischen Großstädten auch heißt es z. B. in Prag und Brno entsprechende Vorsichtsmaßnahmen zu ergreifen. Die Hauptstadt ist berüchtigt für Taschendiebe (Metro, Straßenbahnlinien 22 und 23, belebte Plätze wie Hradschin, Altstädter Ring, Karlova, Melantrichova, Karlsbrücke, Busbahnhof Florenc). Deren Kollegen agieren um den Hauptbahnhof in Brno. Keine großen Bargeldmengen mitführen, wichtige Dokumente im Safe verwahren, den Ausweis kopieren, Bauchtasche statt

Handtasche (Letztere eng am Körper tragen).

Betrüger verkleiden sich manchmal als Polizisten, die tatsächlich auf der Straße nur die Identität überprüfen dürfen.

Fahrzeuge stellt man bei längerem Aufenthalt in verschlossenen Garagen oder auf bewachten Hotelparkplätzen ab. Sollte eines der im Reiseführer genannten Hotels diese Möglichkeit nicht bieten, ist das vermerkt. Der Innenraum des Pkw sollte leer sein, Wegfahrsperre und Diebstahlsicherung sind dienlich.

Stromspannung

Die Netzspannung beträgt 220 Volt. Für Schweizer Stecker wird ein Adapter benötigt.

Taxi

Zu Recht hat das Gros der Taxifahrer in Prag einen miserablen Ruf. Seriös sind: AAA Radiotaxi, Tel. 1 40 14; Profitaxi, Tel. 1 40 35; City Taxi, Tel. 2 33 10 33 10. Taxen, die vor Prager Bahnhöfen und Sehenswürdigkeiten warten, sind nicht zu empfehlen. Vor Fahrtantritt stets den Preis verhandeln. Man hat Anspruch auf einen Beleg. An sich ist das Taxifahren preiswert.

Telefon

Preiswerter als vom Hotel aus ist es, von Münz- oder Kartentelefonen anzurufen. Telefonkarten gibt es für 200, 320, 400, 460 und 600 Kč in Postämtern und Tabakläden. Das Telefonieren mit dem Handy ist teuer (Mailbox abschalten, Prepaidkarte besorgen).

Vorwahlnummern

D, CH, A → Tschechien 0 04 20, dann Ortsvorwahl ohne 0 und Teilnehmernummer
Tschechien → D 00 49
Tschechien → A 00 43
Tschechien → CH 00 41
Ortsvorwahl jeweils ohne 0 wählen.
Auskunft national: 11 80
Auskunft international: 11 81

Toiletten

Öffentliche WCs gibt es in Ortszentren, Bahnhöfen und Busbahnhöfen (**»dámy«**, **»ženy«** = Frauen, **»muží«** = Männer).

Tourismus

Der tschechische Tourismus ist eine Wachstumsbranche, in der zwölf Prozent der Bevölkerung beschäftigt sind und die jährlich rund 100 Milliarden Kč Einnahmen erbringt. Die meisten ausländischen Besucher kommen aus Deutschland. Noch konzentriert sich der Tourismus vor allem auf Prag, doch haben andere Regionen aufgeholt.

Verkehrsverbindungen

Auto

Tschechien besitzt ein gut ausgebautes Straßennetz. Selbst kleinste Orte sind ausgeschildert. Lebhaft wird der Verkehr am Freitag- und Sonntagnachmittag, wenn halb Prag aufs Land fährt bzw. heimkehrt.

Für die Benutzung von Autobahnen und vierspurigen Schnellstraßen ist eine Mautvignette erforderlich (ein Jahr 900 Kč, zwei Monate 300 Kč, 15 Tage 200 Kč), erhältlich an Grenzübergängen, in Tankstellen und Postämtern.

Die Mitnahme von Führerschein (die neue Version, nicht der alte graue), Kfz-Schein und grüner Versicherungskarte ist Bedingung. Falls das Fahrzeug kein EU-Nummernschild besitzt, muss das ovale Länderkennzeichen angebracht werden.

Höchstgeschwindigkeiten für Pkw: innerhalb von Orten 50 km/h, außerhalb 90 km/h, Autobahnen 130 km/h (Mindestgeschwindigkeit 50 km/h). Vor Bahnübergängen gilt ein Tempolimit von 30 km/h. Abbiegende Straßenbahnen haben Vorfahrt. Spikereifen sind verboten. Seit 2006 sind ganztägig eingeschaltete

Scheinwerfer (Abblendlicht) Pflicht. Ersatzglühbirnen für die Pkw sind mitzuführen.

Es gilt absolutes Alkoholverbot; auch Restalkohol kann den Führerschein kosten. Kinder unter zwölf Jahren und Personen, die kleiner als 1,50 m sind, müssen auf einem Kindersitz Platz nehmen. Zusatzbremsleuchten müssen abgedeckt werden. Anhalter sind nicht durch die Haftpflichtversicherung des Pkw-Besitzers gedeckt.

Bei Unfällen mit Personenschaden bzw. Sachschaden von über 700 € ist die Polizei einzuschalten. Karosserieschäden muss man sich polizeilich bestätigen lassen.

Parkmöglichkeiten sind ausgeschildert, beachten muss man das Anwohner-Parkrecht. Gelbe Linien am Straßenrand bedeuten Parkverbot.

Der Tschechische Automobilklub informiert unter www.uamk.cz; Pannendienst: Tel. 12 30.

Es besteht ein dichtes Tankstellennetz (Mo–Fr 6–20, Sa 8–20 Uhr, in größeren Städten und an Autobahnen rund um die Uhr). Benzinsorten: Bleifrei (»natural«) 91 und 95 Oktan, Diesel (»nafta«).

Leihwagen

Über ein gutes Netz an Ausleihstationen auch außerhalb von Prag verfügen:

Czechocar

⇢ Umschlagkarte hinten, südl. f 6

5. Května 65, Praha Congress Centre, Praha 4; Metro C Vyšehrad; Tel. 02 61/22 20 79 oder 22 21 43; www.czechocar.cz; Mo–Fr 8–18, Sa/So 8.30–16 Uhr

Europcar

⇢ Umschlagkarte hinten, e 2

Pařížská 28, Praha 1; Metro A Staroměstská; Tel. 02/24 81 12 90; www.europcar.de; tgl. 8–20 Uhr

Öffentliche Verkehrsmittel

Das **Eisenbahnnetz** der České Dráhy (CD) ist sehr dicht ausgelegt. Der Super City Pendolino verkehrt in weniger als 3,5 Stunden von Prag-Holešovice über Pardubice und Olomouc nach Ostrava (www.scpendolino.cz). Beispiele für Fahrzeiten und Preise (2. Klasse) ab Prag: Brno 3,5 Stunden/294 Kč, Plzeň 1,41 Stunden/140 Kč, Hradec Králové 1,45 Stunden/140 Kč, Olomouc 3,21 Stunden/

Entfernungen (in km) zwischen wichtigen Orten in Tschechien

	Brno	České Budějovice	Hradec Králové	Cheb	Karlovy Vary	Liberec	Olomouc	Opava	Plzeň	Praha
Brno	–	186	142	377	335	239	78	152	296	202
České Budějovice	186	–	217	232	216	242	259	333	133	140
Hradec Králové	142	217	–	287	245	97	149	205	206	112
Cheb	377	232	287	–	42	247	450	524	101	161
Karlovy Vary	335	216	245	42	–	205	408	482	83	133
Liberec	239	242	97	247	205	–	246	300	196	102
Olomouc	78	259	149	450	408	246	–	74	369	275
Opava	152	333	205	524	482	300	74	–	443	349
Plzeň	296	133	206	101	83	196	369	443	–	94
Praha	202	140	112	161	133	102	275	349	94	–

294 Kč. Das aktuelle Kursbuch (»Jízdní Řády) ist für 50 Kč auf den Bahnhöfen erhältlich.

Im Angebot des InterRail One Country Pass gehört Tschechien zur Preisgruppe 4. Es gibt drei unterschiedliche Tarife: 2. Klasse bis 26 Jahre, 2. Klasse ab 26 Jahre, 1. Klasse ab 26 Jahre; 3 Reisetage innerhalb eines Monats 32/49/66 €, 4 Tage 45/69/93 €, 6 Tage 64/99/134 €, 8 Tage 77/119/161 €. Der Fahrschein gilt in Verbindung mit dem Personalausweis, Zuschläge und Reservierung werden extra berechnet. Wer sich mit den Fahrplänen befasst (www.cd.cz, engl.), erlebt sehr schöne Touren.

Eine Alternative zur Bahn sind die zahlreichen **Busverbindungen**. So wählt man von Prag nach Karlovy Vary, Mariánské Lázně oder Brno besser den Bus. Umfassend Auskunft über Fahrpläne auch für den öffentlichen Nahverkehr und Flüge bei htttp://jizdnirady.atlas.cz.

Wirtschaft

Im einstigen industriellen Herz der Habsburger Monarchie sind heute noch Maschinenbau, chemische und Nahrungsmittelindustrie von Bedeutung. Seit 2003 verzeichnet das Land wieder wirtschaftliches Wachstum, dank starken Exports, hoher ausländischer Investitionen und steigenden Konsums.

Die Arbeitslosigkeit beträgt 8,6 %, in Prag 3,3 %, in Most/Nordböhmen 21,9 %. Tschechien erreicht 76 % des EU-Durchschnitts beim Bruttoinlandsprodukt und hat die höchste Wachstumsrate in Mittel- und Osteuropa nach den baltischen Staaten und der Slowakei. Jede Person im Land hat monatlich im Schnitt ca. 380 € zur Verfügung. Es gibt keine Arbeitsemigration wie z. B. in Polen.

Wichtigster Handelspartner bei Einfuhr (31,7 %) und Ausfuhr (28,3 %) ist mit Abstand Deutschland. Der VW-Konzern z. B. hält 70 % an Skoda. Zahlreiche Unternehmen, die in Tschechien Fuß gefasst haben, werden Deutschen bekannt vorkommen: Lidl, Penny Markt, Kaufland, Volksbanken, Plus, Nordsee, C & A etc.

Das Land hat großen Nachholbedarf im Umweltschutz. Der Energieaufwand ist doppelt so hoch wie im EU-Durchschnitt, Tschechien gehört zu den zehn größten Luftverschmutzern der Welt.

Zeit

Tschechien liegt in der mitteleuropäischen Zeitzone (GMT plus eine Stunde). Sommerzeit: April–Okt. (GMT + 2 Stunden).

Zeitungen und Zeitschriften

Fast alle einheimischen Blätter gehören ausländischen Verlagen, z. B. Ringier aus der Schweiz und der »Passauer Neuen Presse«. Auflagenstärkstes Blatt ist »Blesk« (»Blitz«), eine Boulevardzeitung, mit fast 630 000 Exemplaren. Die englischsprachige Wochenzeitung »Prague Post« ist eine Gründung von US-Amerikanern. Auch das Wochenblatt »Prager Zeitung« enthält viele Veranstaltungshinweise. Deutschsprachige Tageszeitungen sind am Tag des Erscheinens in fast allen größeren Städten erhältlich.

Zoll

Da Zigaretten und Alkohol im Reiseland preiswert sind, sind die Einfuhrbestimmungen nicht von Interesse. Bis Ende 2007 gilt für die Ausfuhr: 200 Zigaretten oder 400 Zigarillos oder 200 Zigarren und 10 l Spirituosen und 110 l Bier sowie 20 l Benzin im Kanister. Für die Schweiz gelten andere Regelungen (siehe unten). Die Mehrwertsteuer beträgt bis zu 22 %. Schweizer Staatsangehörige haben, wenn die Waren innerhalb von 30 Tagen ausgeführt werden, einen Anspruch auf Steuerrückzahlung; siehe dazu www.tschechien-schweiz.ch.

Weitere Auskünfte unter www.zoll.de, www.bmf.gv.at/zoll und www.zoll.ch.

Kartenatlas

Orientierung leicht gemacht: mit Planquadraten und allen Orten und Sehenswürdigkeiten.

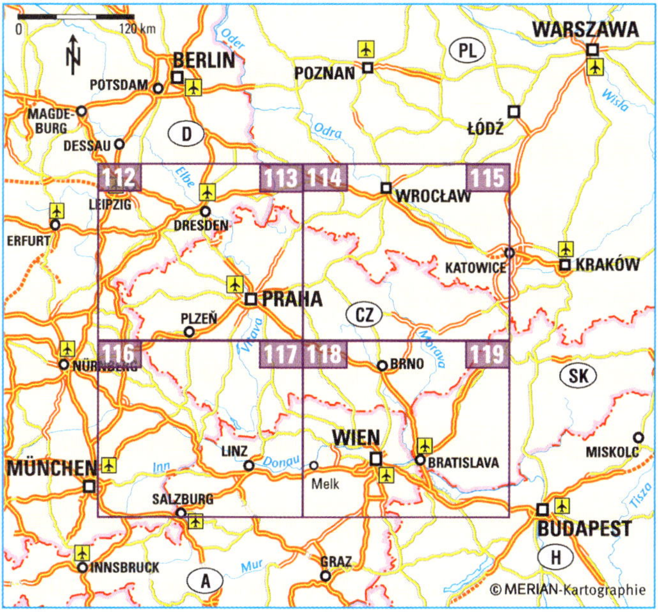

Legende

Routen und Touren

- Von Hradec Králové durch Ostböhmen (S. 92)
- Von Karlovy Vary ins Erzgebirge (S. 93)
- Durch Südmähren (S. 94)

Sehenswürdigkeiten

- MERIAN-TopTen
- MERIAN-Tipp
- Sehenswürdigkeit, öffentl. Gebäude
- Sehenswürdigkeit Kultur
- Sehenswürdigkeit Natur
- Kirche
- Kloster
- Synagoge

Sehenswürdigkeiten ff.

- Schloss, Burg
- Schlossruine, Burgruine
- Museum
- Denkmal
- Höhle

Verkehr

- Autobahn
- Autobahnähnliche Straße
- Fernverkehrsstraße
- Hauptstraße
- Nebenstraße
- Parkmöglichkeit
- Busbahnhof

Verkehr ff.

- ČSD Bahnhof
- Metro
- Schiffsanleger
- Flughafen
- Flugplatz

Sonstiges

- Information
- Theater
- Markt
- Friedhof
- Jüdischer Friedhof
- Nationalparkgrenze

A B C

1 2 3 4

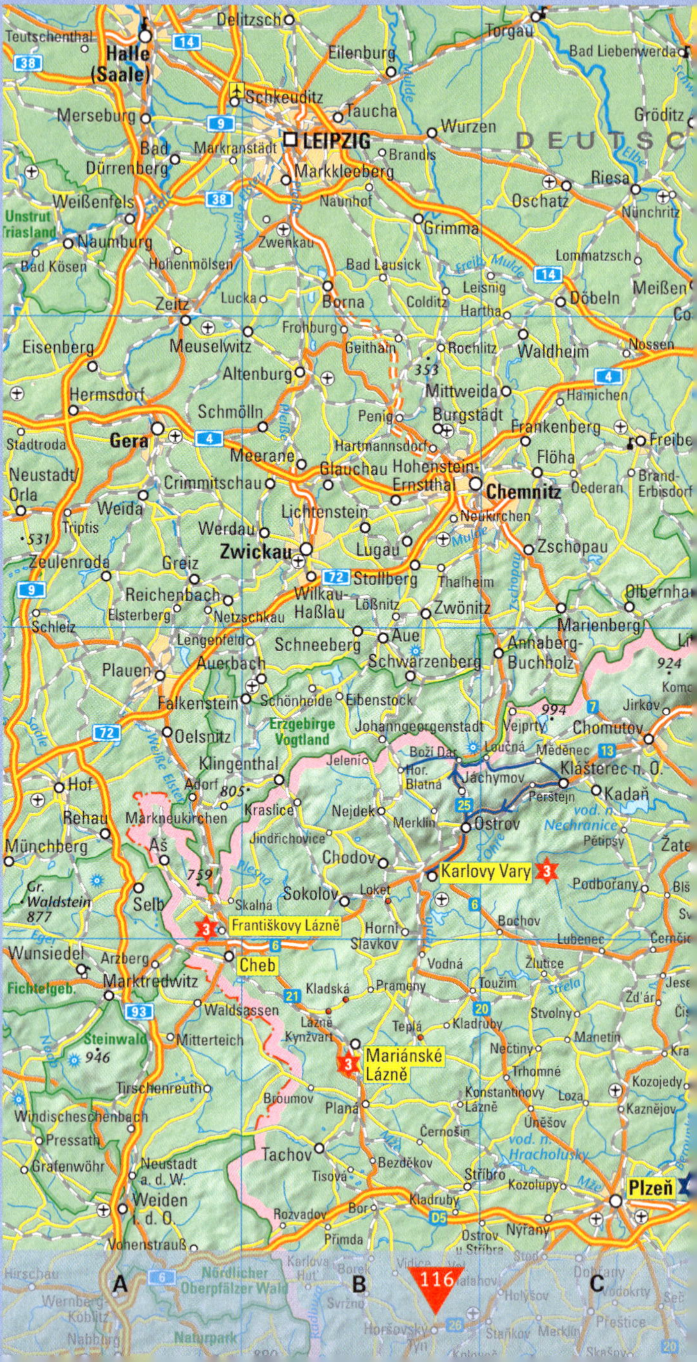
Delitzsch
Teutschenthal
Halle (Saale)
Eilenburg
Torgau
Bad Liebenwerda
Schkeuditz
Taucha
Merseburg
Wurzen
Gröditz
LEIPZIG
Markranstädt
Bad Dürrenberg
Brandis
DEUTSC
Markkleeberg
Riesa
Weißenfels
Naunhof
Oschatz
Nünchritz
Unstrut Triasland
Grimma
Naumburg
Zwenkau
Lommatzsch
Bad Kösen
Hohenmölsen
Bad Lausick
Meißen
Leisnig
Lucka
Borna
Colditz
Döbeln
Zeitz
Hartha
Eisenberg
Meuselwitz
Frohburg
Geithain
Rochlitz
Waldheim
Nossen
Altenburg
353
Mittweida
Hermsdorf
Hainichen
Schmölln
Penig
Burgstädt
Frankenberg
Gera
Stadtroda
Hartmannsdorf
Freiberg
Meerane
Flöha
Glauchau
Hohenstein-Ernstthal
Neustadt/Orla
Crimmitschau
Chemnitz
Oederan
Brand-Erbisdorf
Weida
Lichtenstein
Triptis
Werdau
Neukirchen
531
Zwickau
Lugau
Zschopau
Zeulenroda
Greiz
Stollberg
Thalheim
Reichenbach
Wilkau-Haßlau
Lößnitz
Olbernhau
Elsterberg
Netzschkau
Zwönitz
Schleiz
Marienberg
Lengenfeld
Schneeberg
Aue
Annaberg-Buchholz
Auerbach
Schwarzenberg
Plauen
924
Falkenstein
Schönheide
Eibenstock
994
Jirkov
Erzgebirge Vogtland
Johanngeorgenstadt
Vejprty
Chomutov
Oelsnitz
Jelení
Boží Dar
Loučná
Měděnec
Klingenthal
Hor. Blatná
Jáchymov
Klášterec n. O.
Hof
Adorf
805
Perštejn
Kadaň
Kraslice
Nejdek
Merklín
Ostrov
vod. n. Nechranice
Rehau
Markneukirchen
Pětipsy
Žatec
Münchberg
Aš
Jindřichovice
Chodov
Karlovy Vary
759
Podbořany
Gr. Waldstein 877
Selb
Skalná
Sokolov
Loket
Františkovy Lázně
Horní Slavkov
Bochov
Lubenec
Wunsiedel
Arzberg
Cheb
Vodná
Žlutice
Fichtelgeb.
Marktredwitz
Kladská
Prameny
Toužim
Střela
Waldsassen
Lázně Kynžvart
Teplá
Kladruby
Strvolny
Steinwald 946
Mitterteich
Mariánské Lázně
Nečtiny
Manětín
Trhomné
Tirschenreuth
Broumov
Konstantinovy Lázně
Loza
Kozojedy
Windischeschenbach
Planá
Úněšov
Kaznějov
Pressath
Černošín
Grafenwöhr
Tachov
Bezděkov
vod. Hracholusky
Neustadt a. d. W.
Tisová
Stříbro
Kozolupy
Mže
Plzeň
Weiden i. d. O.
Rozvadov
Bor
Kladruby
Nýřany
Přimda
Ostrov u Stříbra
Vohenstrauß
Hirschau
Nördlicher Oberpfälzer Wald
Naturpark
Wernberg-Köblitz
Nabburg
Borek
Svržno
Horšovský Týn
Staňkov
Merklín
Holýšov
Dobřany
Přeštice
Vodokrty
116

A B C

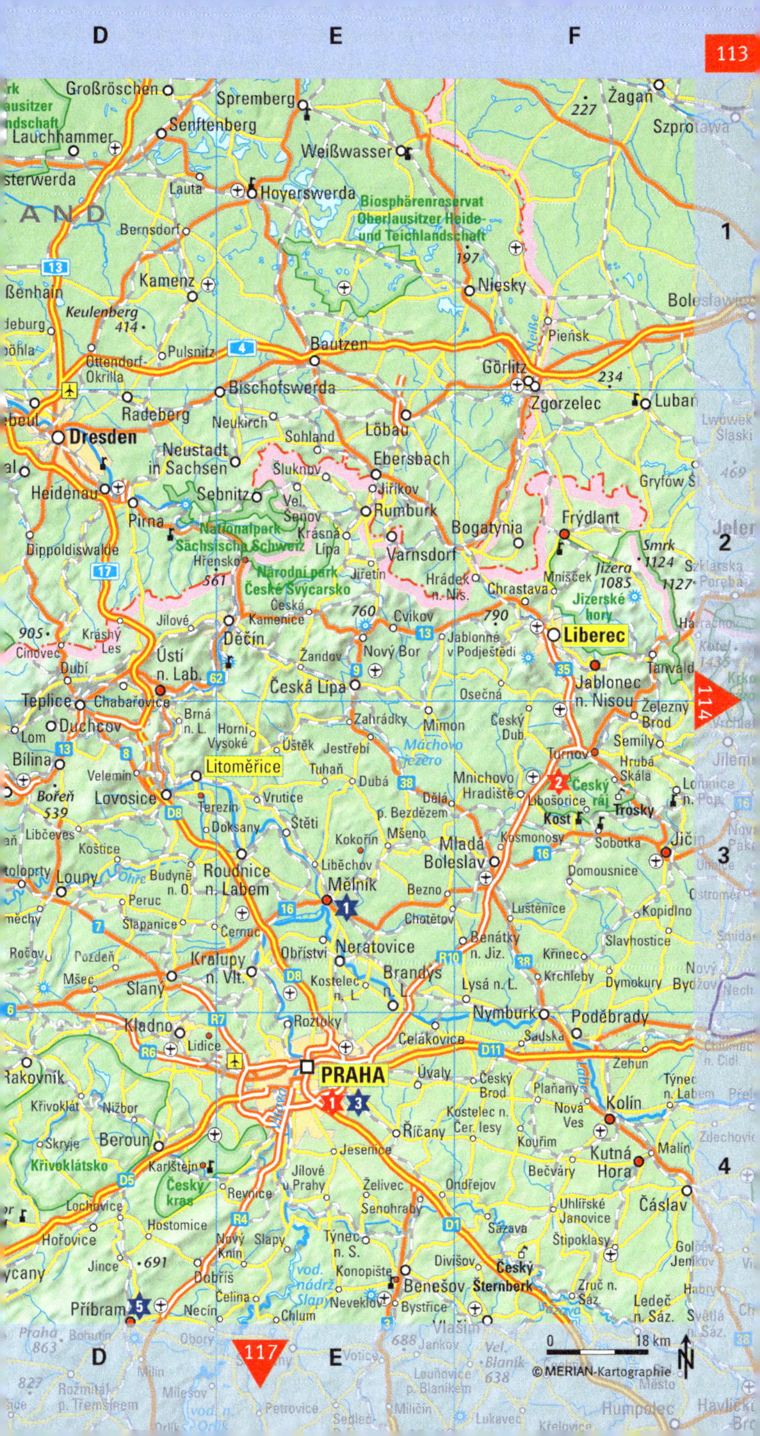
D
E
F
1
2
3
4
Großröschen
Spremberg
Żagań
227
Szprotawa
Lausitzer Seenland
Lauchhammer
Senftenberg
Weißwasser
Hoyerswerda
Lauta
Biosphärenreservat Oberlausitzer Heide- und Teichlandschaft
Bernsdorf
13
197
Kamenz
Niesky
Keulenberg 414
Bolesławiec
Pieńsk
Neiße
Pulsnitz
4
Bautzen
Ottendorf-Okrilla
Görlitz
234
Bischofswerda
Zgorzelec
Lubań
Radeberg
Neukirch
Löbau
Lwówek Śląski
Dresden
Sohland
Neustadt in Sachsen
Šluknov
Ebersbach
469
Heidenau
Jiříkov
Gryfów Śl.
Sebnitz
Vel. Šenov
Rumburk
Pirna
Nationalpark Sächsische Schweiz
Krásná Lípa
Varnsdorf
Bogatynia
Frýdlant
Dippoldiswalde
Smrk 1124
Hřensko
Národní park České Švýcarsko
Jiřetín
Hrádek n. Nis.
Mníšek
Jizera 1085
Szklarska Poręba
17
561
Chrastava
1127
Jizerské hory
Česká Kamenice
760
Cvikov
790
905
Krásný Les
Jílové
Děčín
13
Jablonné v Podještědí
Liberec
Harrachov
Cínovec
Dubí
Žandov
Nový Bor
Kotel 1435
Ústí n. Lab.
62
9
35
Jablonec n. Nisou
Tanvald
Teplice
Chabařovice
Česká Lípa
Osečná
Železný Brod
Duchcov
Brná n. L.
Horní Vysoké
Zahrádky
Mimoň
Český Dub
Lom
Úštěk
Jestřebí
Máchovo jezero
Semily
Bílina
13
8
Litoměřice
Tuhaň
Turnov
Hrubá Skála
Velemín
Dubá
38
Mnichovo Hradiště
Český ráj
Lomnice n. Pop.
Bořeň 539
Lovosice
Terezín
Vrutice
Dělá
Libošovice
Trosky
D8
Doksany
Štětí
p. Bezdězem
Kost
Libčeves
Koštice
Kokořín
Mšeno
Mladá Boleslav
Kosmonosy
Sobotka
Jičín
Louny
Ohře
Budyně n. O.
Roudnice n. Labem
Liběchov
16
Domousnice
Mělník
Bezno
Peruc
16
Luštěnice
Kopidlno
Slapanice
Čermac
Chotětov
Ostroměř
7
Benátky n. Jiz.
Slavhostice
Ročov
Pozdeň
Kralupy n. Vlt.
Obříství
Neratovice
R10
38
Křinec
Nový Bydžov
Mšec
Slaný
Brandýs n. L.
Krchleby
Dymokury
D8
Kostelec n. L.
Lysá n. L.
6
Roztoky
Nymburk
Poděbrady
Kladno
R7
Sadská
Celákovice
D11
Lidice
R6
Žehuň
Rakovník
PRAHA
Úvaly
Týnec n. Labem
Český Brod
Plaňany
Křivoklát
Nižbor
Kolín
Vltava
Nová Ves
Kostelec n. Čer. lesy
Skryje
Beroun
Jesenice
Říčany
Kouřim
Zdechovice
Křivoklátsko
Kutná Hora
Karlštejn
Malín
D5
Jílové u Prahy
Bečváry
Český kras
Želivec
Ondřejov
Čáslav
Revnice
Lochovice
Senohraby
Uhlířské Janovice
R4
D1
Hostomice
Sázava
Nový Knín
Slapy
Hořovice
Týnec n. S.
Štipoklasy
Golčův Jeníkov
691
Jince
Dobříš
Konopiště
Divišov
Český Šternberk
Zruč n. Sáz.
Čelina
vod. nádrž Slapy
Benešov
Příbram
Neveklov
Bystřice
Ledeč n. Sáz.
Světlá n. Sáz.
Nečín
Chlum
Sázava
Praha 863
Vlašim
688
38
Bohutín
Obory
Votice
Jankov
Vel. Blaník 638
Milín
Louňovice p. Blaníkem
827
Rožmitál p. Třemšínem
Milešov
vod. n. Orlík
Petrovice
Miličín
Humpolec
Havlíčkův Brod
Sedlec
Lukavec
Křelovice
0
18 km
N
114
117
© MERIAN-Kartographie

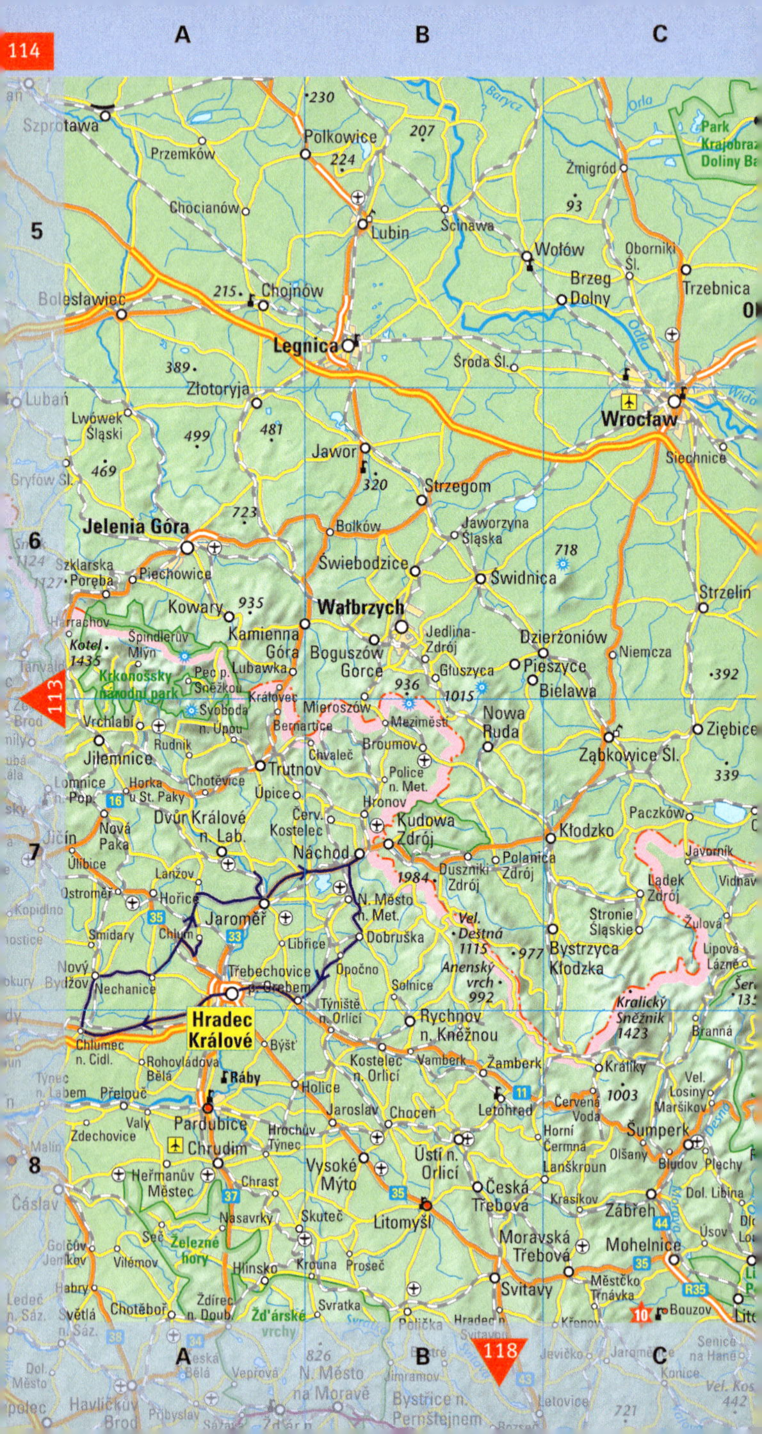
A
B
C
5
6
7
8
Szprotawa
Przemków
Polkowice
Chocianów
Lubin
Ścinawa
Żmigród
Wołów
Oborniki Śl.
Trzebnica
Brzeg Dolny
Park Krajobraz. Doliny Ba
Bolesławiec
Chojnów
Legnica
Środa Śl.
Wrocław
Siechnice
Lubań
Lwówek Śląski
Złotoryja
Gryfów Śl.
Jawor
Strzegom
Jelenia Góra
Bolków
Jaworzyna Śląska
Szklarska Poręba
Piechowice
Świebodzice
Świdnica
Strzelin
Kowary
Wałbrzych
Harrachov
Špindlerův Mlýn
Kotel 1435
Kamienna Góra
Boguszów Gorce
Jedlina-Zdrój
Dzierżoniów
Niemcza
Krkonošský národní park
Pec p. Sněžkou
Lubawka
Głuszyca
Pieszyce
Bielawa
113
Svoboda n. Úpou
Královec
Mieroszów
Meziměstí
Nowa Ruda
Ziębice
Vrchlabí
Jilemnice
Rudník
Bernartice
Chvaleč
Broumov
Ząbkowice Śl.
Trutnov
Police n. Met.
Lomnice n. Pop.
Horka u St. Paky
Chotěvice
Úpice
Hronov
Paczków
Jičín
Nová Paka
Dvůr Králové n. Lab.
Červ. Kostelec
Kudowa Zdrój
Kłodzko
Javorník
Úlibice
Náchod
Polanica Zdrój
Duszniki Zdrój
Lądek Zdrój
Vidnava
Lanžov
Ostroměř
Hořice
N. Město n. Met.
Kopidlno
Jaroměř
Stronie Śląskie
Žulová
Chlum
Dobruška
Vel. Deštná 1115
Bystrzyca Kłodzka
Smidary
Libřice
Lipová Lázně
Nový Bydžov
Nechanice
Třebechovice p. Orebem
Opočno
Anenský vrch 992
Solnice
Týniště n. Orlicí
Rychnov n. Kněžnou
Kralický Sněžník 1423
Hradec Králové
Chlumec n. Cidl.
Býšť
Branná
Rohovládová Bělá
Kostelec n. Orlicí
Vamberk
Žamberk
Králíky
Týnec n. Labem
Přelouč
Ráby
Holice
Jaroslav
Choceň
Letohrad
Červená Voda
Vel. Losiny
Maršíkov
Valy
Pardubice
Zdechovice
Hrochův Týnec
Šumperk
Horní Čermná
Chrudim
Ústí n. Orlicí
Olšany
Bludov
Plechy
Heřmanův Městec
Vysoké Mýto
Lanškroun
Čáslav
Chrast
Česká Třebová
Dol. Libina
Krasíkov
Nasavrky
Skuteč
Litomyšl
Zábřeh
Úsov
Seč
Železné hory
Moravská Třebová
Mohelnice
Golčův Jeníkov
Vilémov
Hlinsko
Krouna
Proseč
Habry
Městečko Trnávka
Svitavy
Ledeč n. Sáz.
Světlá n. Sáz.
Chotěboř
Ždírec n. Doubr.
Žďárské vrchy
Svratka
Polička
Hradec n. Svitavou
Křenov
Bouzov
Dol. Město
Česká Bělá
Veprová
N. Město na Moravě
Jimramov
Bystřice n. Pernštejnem
Jevíčko
Jaroměřice
Konice
Senice na Hané
Havlíčkův Brod
Přibyslav
Žďár n. S.
Letovice
Vel. Kostelec
118

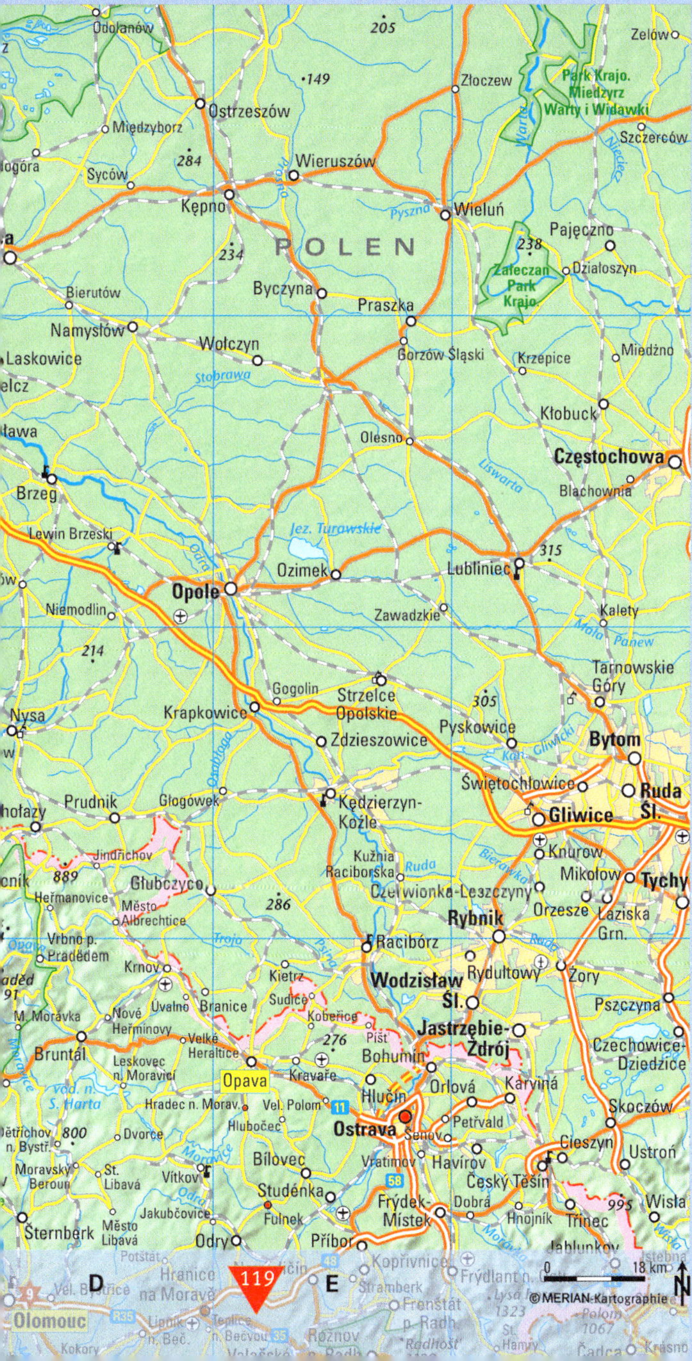
POLEN
Odolanów
205
Zelów
Złoczew
149
Park Krajo. Międzyrz. Warty i Widawki
Ostrzeszów
Międzyborz
Szczerców
Warta
284
Wieruszów
Syców
Kępno
Pyszna
Wieluń
Pajęczno
234
238
Załeczan. Park Krajo.
Działoszyn
Bierutów
Byczyna
Praszka
Namysłów
Wołczyn
Gorzów Śląski
Krzepice
Miedźno
Laskowice
Stobrawa
Kłobuck
Olesno
Częstochowa
Brzeg
Liswarta
Blachownia
Lewin Brzeski
Jez. Turawskie
Odra
315
Ozimek
Lubliniec
Opole
Niemodlin
Zawadzkie
Kalety
Mała Panew
214
Tarnowskie Góry
Gogolin
Strzelce Opolskie
305
Nysa
Krapkowice
Zdzieszowice
Pyskowice
Bytom
Kan. Gliwicki
Prudnik
Głogówek
Kędzierzyn-Koźle
Świętochłowice
Ruda Śl.
Gliwice
Jindřichov
Kuźnia Raciborska
Ruda
Knurów
889
Heřmanovice
Głubczyce
Czerwionka-Leszczyny
Bierawka
Mikołów
Tychy
Město Albrechtice
286
Orzesze
Łaziska Grn.
Rybnik
Vrbno p. Pradědem
Opava
Troja
Psina
Racibórz
Krnov
Rydułtowy
Żory
Kietrz
Wodzisław Śl.
M. Morávka
Úvalno
Branice
Sudice
Nové Heřmínovy
Kobeřice
Pszczyna
Jastrzębie-Zdrój
Bruntál
Velké Heraltice
276
Pišť
Bohumín
Czechowice-Dziedzice
Leskovec n. Moravicí
Kravaře
Orlová
Karviná
Opava
Hlučín
Hradec n. Morav.
Vel. Polom
11
Skoczów
vod. n. S. Harta
Ostrava
Petřvald
Dětřichov n. Bystř.
800
Dvorce
Hlubočec
Šenov
Cieszyn
Ustroń
Moravský Beroun
St. Libavá
Vítkov
Bílovec
Vratimov
Havířov
Moravice
Studénka
58
Český Těšín
Odra
995
Wisła
Jakubčovice
Frýdek-Místek
Dobrá
Hnojník
Třinec
Šternberk
Město Libavá
Fulnek
Odry
Příbor
Jablunkov
Potštát
48
Kopřivnice
Frýdlant n. O.
0
18 km
N
Vel. Bystřice
Hranice na Moravě
Štramberk
Lysá h. 1323
©MERIAN-Kartographie
Olomouc
35
Lipník n. Beč.
Teplice n. Bečvou
Frenštát p. Radh.
Radhošť
Polom 1067
Kokory
Rožnov p. Radh.
Hamry
Čadca
Krásno

119

D E 5 6 7 8

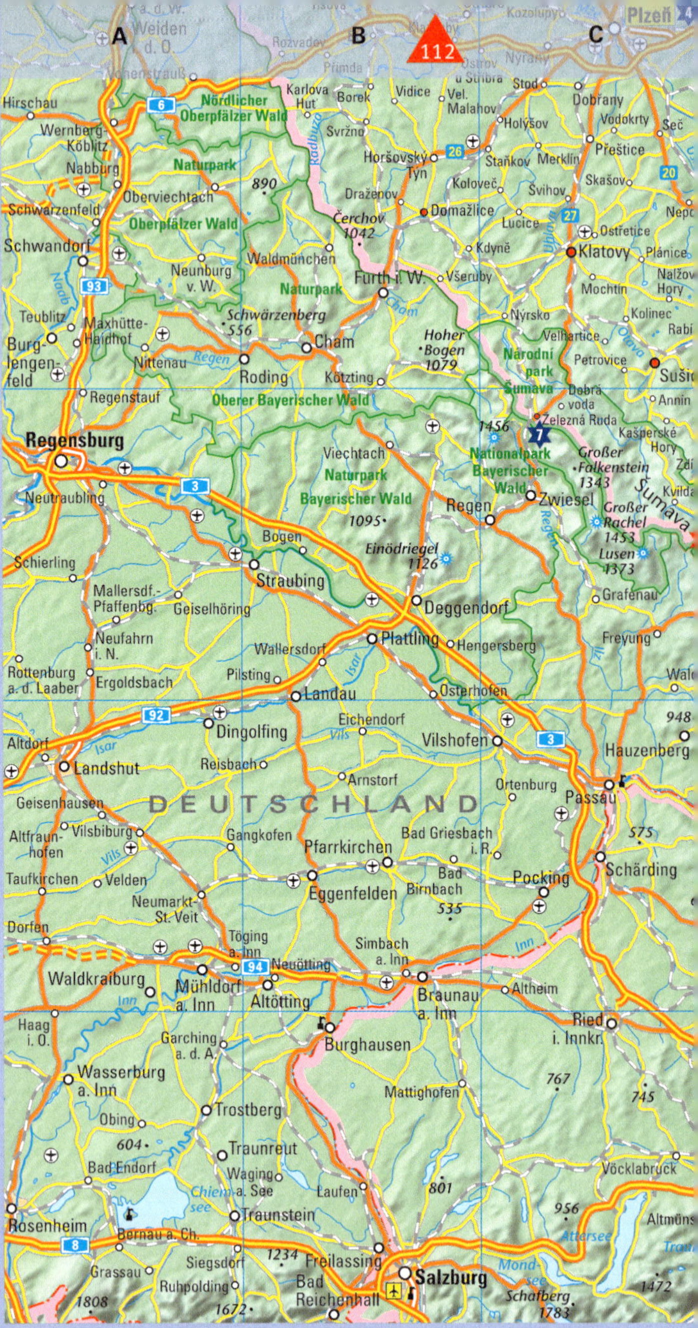

A
B
C
112
Weiden i. d. O.
Plzeň
Hirschau
Wernberg-Köblitz
Nabburg
Schwarzenfeld
Schwandorf
Teublitz
Burglengenfeld
Maxhütte-Haidhof
Nittenau
Regenstauf
Regensburg
Neutraubling
Schierling
Mallersdf.-Pfaffenbg.
Geiselhöring
Neufahrn i. N.
Rottenburg a. d. Laaber
Ergoldsbach
Altdorf
Landshut
Geisenhausen
Altfraunhofen
Vilsbiburg
Taufkirchen
Velden
Neumarkt-St. Veit
Dorfen
Waldkraiburg
Mühldorf a. Inn
Töging a. Inn
Neuötting
Altötting
Haag i. O.
Garching a. d. A.
Wasserburg a. Inn
Obing
Trostberg
Traunreut
Waging a. See
Bad Endorf
Chiemsee
Rosenheim
Bernau a. Ch.
Grassau
Siegsdorf
Ruhpolding
Traunstein
Freilassing
Bad Reichenhall
Salzburg
Laufen
Burghausen
Mattighofen
Braunau a. Inn
Simbach a. Inn
Altheim
Ried i. Innkr.
Vöcklabruck
Attersee
Mondsee
Schafberg 1783
Altmünster
Nördlicher Oberpfälzer Wald
Naturpark Oberpfälzer Wald
Oberviechtach
Neunburg v. W.
Waldmünchen
Naturpark
Schwärzenberg 556
Roding
Cham
Furth i. W.
Kötzting
Oberer Bayerischer Wald
Viechtach
Naturpark Bayerischer Wald
Bogen
Straubing
Deggendorf
Plattling
Hengersberg
Wallersdorf
Pilsting
Landau
Osterhofen
Eichendorf
Dingolfing
Reisbach
Vilshofen
Arnstorf
DEUTSCHLAND
Gangkofen
Pfarrkirchen
Eggenfelden
Bad Griesbach i. R.
Bad Birnbach
Ortenburg
Passau
Hauzenberg
Schärding
Pocking
Regen
Zwiesel
Nationalpark Bayerischer Wald
Einödriegel 1126
Hoher Bogen 1079
Großer Falkenstein 1343
Großer Rachel 1453
Lusen 1373
Grafenau
Freyung
Národní park Šumava
Šumava
Železná Ruda
Dobrá voda
Kašperské Hory
Nýrsko
Velhartice
Petrovice
Sušice
Klatovy
Plánice
Mochtín
Kolinec
Domažlice
Kdyně
Všeruby
Čerchov 1042
Draženov
Horšovský Týn
Staňkov
Merklín
Přeštice
Dobřany
Holýšov
Stod
Vidice
Borek
Svržno
Karlova Hut
Koloveč
Švihov
Lucice
Skašov
Vodokrty
Ostřetice
Nalžovy Hory
Rozvadov
Přimda
Kozolupy
Nýřany
Regen
Naab
Isar
Vils
Inn
Cham
Radbuza
Úhlava
Otava
Ilz
6
93
3
92
94
8
26
27
20
7
9
10
11
12

A B C

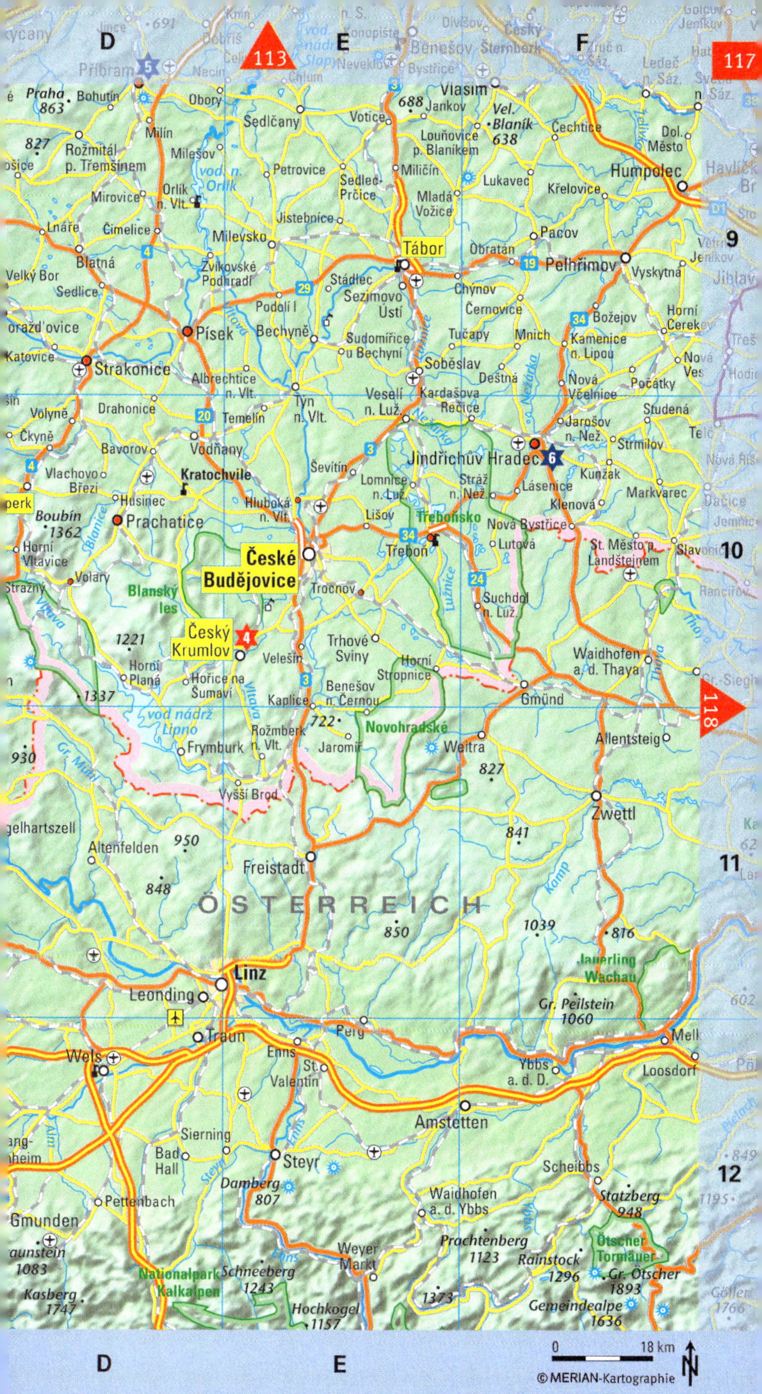
D
E
F
113
118
9
10
11
12
Příbram
Dobříš
Benešov
Praha
863
Bohutín
Obory
Sedlčany
Votice
Vlašim
688
Jankov
Vel. Blaník
638
Čechtice
Louňovice p. Blaníkem
Dol. Město
Humpolec
827
Rožmitál p. Třemšínem
Milín
Milešov
Petrovice
Sedlec-Prčice
Miličín
Lukavec
Křelovice
Mirovice
Orlík n. Vlt.
vod. n. Orlík
Mladá Vožice
Lnáře
Čimelice
Jistebnice
Milevsko
Tábor
Obratan
Pacov
Pelhřimov
Vyskytná
Blatná
Velký Bor
Zvíkovské Podhradí
Stádlec
Sezimovo Ústí
Chýnov
Sedlice
Podolí I
Černovice
Horní Cerekev
Písek
Bechyně
Sudoměřice u Bechyně
Tučapy
Mnich
Božejov
Kamenice n. Lipou
Strakonice
Albrechtice n. Vlt.
Soběslav
Deštná
Nová Včelnice
Počátky
Nová Ves
Volyně
Drahonice
Týn n. Vlt.
Veselí n. Luž.
Kardašova Řečice
Studená
Temelín
Jarošov n. Než.
Čkyně
Bavorov
Vodňany
Strmilov
Jindřichův Hradec
Vlachovo Březí
Kratochvíle
Ševětín
Lomnice n. Luž.
Stráž n. Než.
Lásenice
Kunžak
Husinec
Hluboká n. Vlt.
Lišov
Třeboňsko
Klenová
Markvarec
Boubín
1362
Prachatice
Nová Bystřice
Horní Vltavice
České Budějovice
Třeboň
Lutová
St. Město p. Landštejnem
Slavonice
Volary
Trocnov
Blanský les
Suchdol n. Luž.
Český Krumlov
1221
Trhové Sviny
Horní Planá
Velešín
Horní Stropnice
Waidhofen a. d. Thaya
Hořice na Šumavě
Benešov n. Černou
Kaplice
Gmünd
1337
vod. nádrž Lipno
722
Rožmberk n. Vlt.
Novohradské
Allentsteig
Frymburk
Jaromír
Weitra
930
827
Vyšší Brod
Zwettl
841
Altenfelden
950
Freistadt
848
ÖSTERREICH
850
1039
816
Jauerling Wachau
Linz
Leonding
Gr. Peilstein
1060
Traun
Perg
Melk
Wels
Enns
St. Valentin
Ybbs a. d. D.
Loosdorf
Amstetten
Sierning
Bad Hall
Steyr
Scheibbs
Damberg
807
Statzberg
948
Pettenbach
Waidhofen a. d. Ybbs
Gmunden
Prachtenberg
1123
Ötscher Tormäuer
Weyer Markt
Rainstock
1296
Gr. Ötscher
1893
1083
Nationalpark Kalkalpen
Schneeberg
1243
1373
Gemeindealpe
1636
Kasberg
1747
Hochkogel
1157
D
E
0
18 km
N
© MERIAN-Kartographie

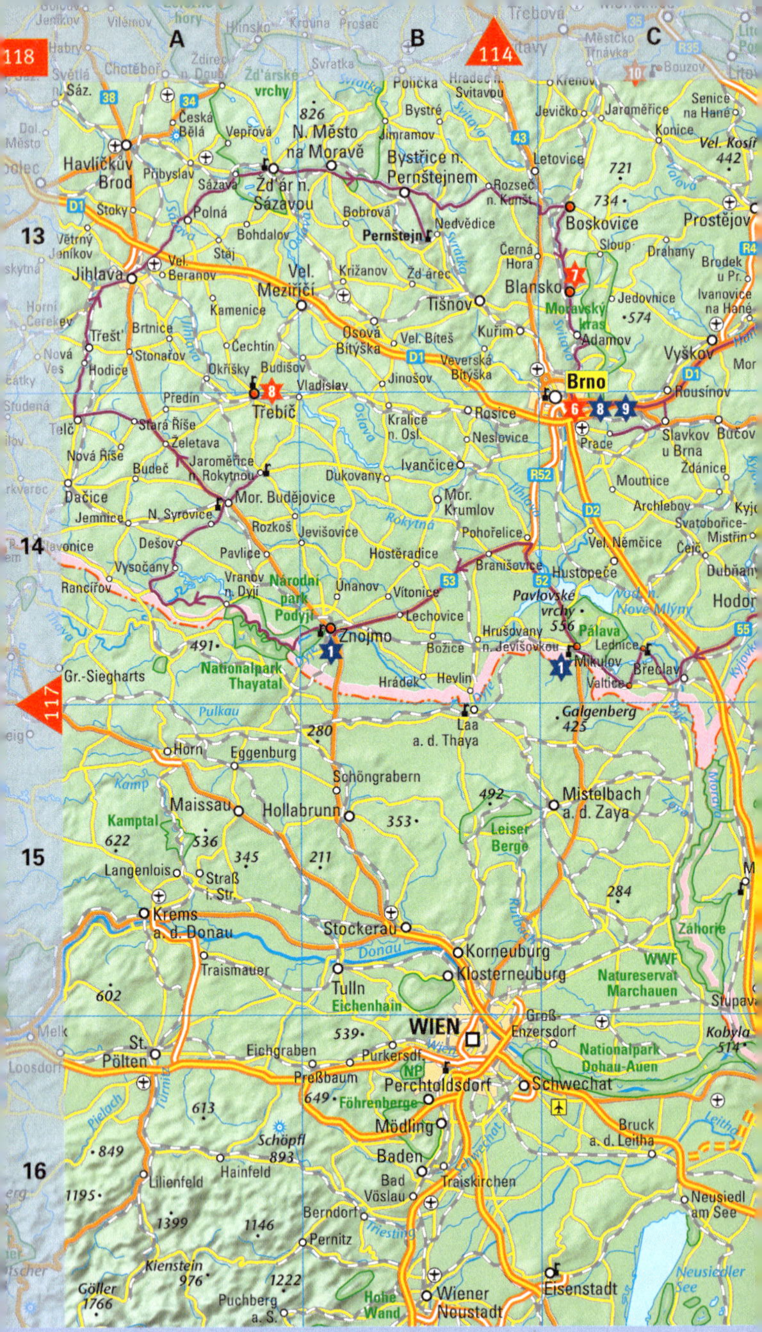
A
B
C
114
13
14
15
16
117
Havlíčkův Brod
Česká Bělá
Vepřová
Přibyslav
N. Město na Moravě
Žďár n. Sázavou
Sázava
Bystřice n. Pernštejnem
Bystré
Jimramov
Polička
Hradec n. Svitavou
Jevíčko
Jaroměřice
Konice
Senice na Hané
Vel. Kosíř 442
Letovice
Rozseč n. Kunšt.
Boskovice
Prostějov
Nedvědice
Pernštejn
Bobrová
Polná
Štoky
Bohdalov
Stáj
Jihlava
Vel. Beranov
Vel. Meziříčí
Křižanov
Žďárec
Tišnov
Černá Hora
Blansko
Sloup
Drahany
Brodek u Pr.
Jedovnice
Ivanovice na Hané
Moravský kras
Adamov
Vyškov
Kuřim
Vel. Bíteš
Osová Bítýška
Veverská Bítýška
Kamenice
Třešť
Brtnice
Stonařov
Hodice
Čechtín
Okříšky
Budišov
Vladislav
Jinošov
Brno
Rousínov
Slavkov u Brna
Bučovice
Prace
Předín
Třebíč
Kralice n. Osl.
Rosice
Neslovice
Telč
Stará Říše
Želetava
Nová Říše
Jaroměřice n. Rokytnou
Budeč
Dukovany
Ivančice
Ždánice
Moutnice
Dačice
Jemnice
N. Syrovice
Mor. Budějovice
Mor. Krumlov
Archlebov
Svatobořice-Mistřín
Rozkoš
Jevišovice
Pohořelice
Slavonice
Dešov
Vel. Němčice
Čejč
Vysočany
Pavlice
Hostěradice
Branišovice
Hustopeče
Dubňany
Rancířov
Vranov n. Dyjí
Národní park Podyjí
Únanov
Vítonice
Pavlovské vrchy 556
Hodonín
Lechovice
Znojmo
Hrušovany n. Jevišovkou
Pálava
Lednice
Božice
Mikulov
Břeclav
Valtice
Gr.-Siegharts
Nationalpark Thayatal
Hrádek
Hevlín
Pulkau
Laa a. d. Thaya
Galgenberg 425
Horn
Eggenburg
Schöngrabern
Kamp
Mistelbach a. d. Zaya
Maissau
Hollabrunn
Kamptal
Leiser Berge
Langenlois
Straß i. Str.
Krems a. d. Donau
Stockerau
Korneuburg
Klosterneuburg
Traismauer
Tulln
Donau
Záhorie
WWF Naturreservat Marchauen
Eichenhain
WIEN
Groß-Enzersdorf
Stupava
Kobyla 514
St. Pölten
Eichgraben
Purkersdf.
Preßbaum
Perchtoldsdorf
Schwechat
Nationalpark Donau-Auen
Föhrenberge
Mödling
Schöpfl 893
Bruck a. d. Leitha
Lilienfeld
Hainfeld
Baden
Traiskirchen
Bad Vöslau
Neusiedl am See
Berndorf
Pernitz
Triesting
Kienstein 976
Göller 1766
Puchberg a. S.
Hohe Wand
Wiener Neustadt
Eisenstadt
Neusiedler See
Melk

A B C

D
E
F
115
Studénka
Frýdek-Místek
Český Těšín
Dobrá
Hnojník
Třinec
Wisła
Šternberk
Město Libavá
Jakubčovice
Odry
Příbor
Beroun
Libavá
995
Potštát
Hranice na Moravě
Nový Jičín
Kopřivnice
Štramberk
Frýdlant n. Ostr.
Jablunkov
Istebna
Vel. Bystřice
Olomouc
R35
9
48
Lysá hora 1323
Velký Polom 1067
Skalité
11
Frenštát p. Radh.
Lipník n. Beč.
Teplice n. Bečvou
35
Rožnov p. Radh.
Radhošť 1129
St. Hamry
Čadca
Krásno n. Kys.
Kokory
Valašské Meziříčí
Týškovice
Přerov
10
Beskydy
Hor. Bečva
Turzovka
Kysuca
906
Bystřice p. Hostýnem
Jablůnka
Tanečnice 912
Velké Karlovice
Veľký Javorník 1071
Kysucké Nové Mesto
Chropyně
Hošťálková
57
Vsetín
Kojetín
Hulín
Holešov
Ústí
Kašava
Huslenky
Makyta 922
Bytča
Žilina
Kroměříž
Fryšták
Slušovice
Valašská Polanka
55
Zlín
753
803
Zdounky
Otrokovice
Vizovice
Valašské Klobouky
Lysky průsmyk 812
Loučka
Považská Bystrica
Mínčol 1364
Brdo 587
Napajedla
Púchov
Rajec
50
Uherské Hradiště
Luhačovice
Slavičín
57
Brumov-Bylnice
Vlára
Uherský Brod
Bojkovice
Javorník 783
Ilava
Kľak 1351
Veselí n. Mor.
Uherský Ostroh
Starý Hrozenkov
N. Dubnica
Dubnica n. Váhom
Nitrica
Nitra
219
Vnorovy
Trenčín
Bílé Karpaty
Biele Karpaty
Strážnice
Vel. Javořina 970
Prievidza
Skalica
Inovec 1042
Rokoš 1010
Holíč
Nováky
Handlová
Myjava
Nové Mesto nad Váhom
Bánovce n. Brebavou
Nitrica
Senica
Partizánske
Vtáčnik 1346
Brezová p. Bradlom
Piešťany
SLOWAKEI
Topoľčany
Záruby 768
Veľk. Tribeč 829
Veľký Inovec 901
Rudava
Malé Karpaty
Nová Baňa
Hlohovec
Zlaté Moravce
754
Zobor 588
Trnava
Modra
Sereď
Nitra
Levice
Pezinok
vod. n. Kráľová
Sládkovičovo
Senec
Galanta
Šaľa
Hron
Bratislava
Šurany
Tvrdošovce
287
Malý Dunaj
Šamorín
Nové Zámky
Dvory n. Žitavou
Dunajská Streda
Kolárovo
Hurbanovo
Mosonmagyaróvár
Veľký Meder
Váh
Komárno
Komárom
UNGARN
13
14
15
16
D
E
0
18 km
N

Hier finden Sie alphabetisch aufgeführt alle in diesem Band beschriebenen Orte und Ziele, Routen und Touren. Bei einzelnen Sehenswürdigkeiten steht jeweils der dazugehörige Ort in Klammern, bei Hotels steht zusätzlich die Abkürzung H für Hotel. Außerdem enthält das Register wichtige Stichworte sowie alle MERIAN-TopTen und MERIAN-Tipps dieses Reiseführers. Wird ein Begriff mehrfach aufgeführt, verweist die **fett** gedruckte Zahl auf die Hauptnennung im Band, eine *kursive* Zahl auf ein Foto.

Liebe Leserinnen und Leser,
wir freuen uns, Ihre Meinung zu diesem Reiseführer zu erfahren. Bitte schreiben Sie uns, wenn Sie Berichtigungen und Ergänzungsvorschläge haben oder wenn Ihnen etwas besonders gut gefällt:

TRAVEL HOUSE MEDIA GmbH, Postfach 86 03 66, 81630 München
E-Mail: merian-live@travel-house-media.de, Internet: www.merian.de

DER AUTOR
Diesen Reiseführer schrieb **Werner Skrentny**. Er wurde 1949 geboren, ist von Beruf Zeitungsredakteur und lebt als Autor in Hamburg. Die damalige Tschechoslowakei hat er erstmals 1968 bereist. Er ist Verfasser von Büchern zur Stadt-, Sozial- und Sportgeschichte und hat für MERIAN *live!* bereits die Bände »Dublin« und »Irland/Nordirland« geschrieben.

Bei Interesse an Karten aus MERIAN-Reiseführern schreiben Sie bitte an:
iPUBLISH GmbH, geomatics
Berg-am-Laim-Straße 47
81673 München
E-Mail: geomatics@ipublish.de

Bei Interesse an Anzeigenschaltung wenden Sie sich bitte an:
KV Kommunalverlag GmbH & Co KG
MediaCenterMünchen
Tel. 0 89/92 80 96 - 44
E-Mail: kramer@kommunal-verlag.de

FOTOS
Titelbild: Karlovy Vary (Karlsbad), Parkkolonnade von 1881 (R. Freyer);
Alle Fotos von T. Stankiewicz außer: akg-images/Electa 7; P. Bialobrzeski/laif 88; R. Freyer 9, 31; R. Hackenberg 50; T. Haertrich/transit 36, 74, T. Haertrich/transit-Archiv 90/91; Bildagentur Huber/Bernhart 96/97; Bildagentur Huber/Gräfenhain 44; Bildagentur Huber/R. Massimo 60; Bildagentur Huber/G. Simeone 26/27; Profimedia/F1 online 76; Schapowalow/Heaton 33; C. Schmitt/edition vasco 8, 12, 34, 66, 80; W. Spitta/transit 18; Bildagentur Waldhäusl/PantherMedia 38; S. Zuder/laif 42

PROGRAMMLEITUNG
Susanne Böttcher
REDAKTION
Simone Riedle
LEKTORAT
Fritz Jensch
GESTALTUNG
wieschendorf.design, Berlin
MERIAN-QUIZ
Verónica Reisenegger
(Konzept und Idee)
KARTEN
MERIAN-Kartographie
SATZ
Filmsatz Schröter, München
DRUCK
Appl, Wemding
BINDUNG
Auer, Donauwörth
GEDRUCKT AUF
Eurobulk Papier von der Papier Union

1. Auflage

TRAVEL HOUSE MEDIA

100 JAHRE
GANSKE VERLAGSGRUPPE

Tschechien

MERIAN-Tipps

Tipps und Empfehlungen für Kenner und Individualisten

1 **Weinlese-Feste**
In Mikulov, Znojmo und Melník wird die Weinlese von farbenprächtigen Veranstaltungen begleitet (→ S. 19).

2 **Begegnung mit Böhmen**
Das vielfach ausgezeichnete Reiseunternehmen bietet einfallsreiche Programme an (→ S. 23).

3 **Prager Museen gratis**
Auch Nationalmuseum und Nationalgalerie gewähren an bestimmten Tagen freien Eintritt (→ S. 32).

4 **Hotel U Zvonu**
Nahe dem Zentrum von Plzeň wurde dieses moderne und komfortable Haus 2006 eröffnet (→ S. 54).

5 **Bergbaumuseum Příbram**
Zum Besuchsprogramm in der historischen Bergbaustadt gehört auch eine Grubenfahrt (→ S. 57).

6 **Mit der Bahn durchs »Böhmische Kanada«**
Der Schmalspurzug fährt an Teichen vorbei und durch Wälder (→ S. 69).

7 **Tunnelarbeiter-Kapelle**
Das Kirchlein in Železná Ruda – für beim Tunnelbau umgekommene Arbeiter – zeigt verzierte Totenbretter (→ S. 75).

8 **Burg Špilberk**
Von der ehemaligen Festung mit ihren Ausstellungen hat man einen tollen Blick über die Stadt Brno (→ S. 78).

9 **Moravská Chalupa**
In dem bekannten Restaurant in Brno gibt es mährische Spezialitäten (→ S. 79).

10 **Gasthaus »Zum letzten Groschen«**
Das Restaurant im Freilichtmuseum Rožnov pod Radhoštěm tischt walachische Speisen auf (→ S. 87).

← MERIAN-TopTen finden Sie auf Seite 1